FRANCHISE MANUAL

フランチャイズ
マニュアル

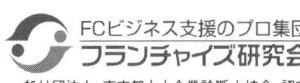
FCビジネス支援のプロ集団
フランチャイズ研究会
一般社団法人 東京都中小企業診断士協会 認定

作成ガイド

同友館

はじめに

　室町時代，金閣寺を造った時の将軍，足利義満の寵愛を受けた能役者の世阿弥は，能の奥義書である「風姿花伝」を著しました。「風姿花伝」には能の練習方法，演じ方，心構えなどが書かれており，いわば「能のマニュアル」と言えなくもありません。しかしながら著者の世阿弥は，「後世の能役者は，花伝書の教えを守りその芸を演ずるにつれ，この花伝書自体が足かせとなり芸の躓きとなるであろう」というようなことを言った，とされています。

　マニュアルには多くの利点があるものの，ある程度のレベルまで行くと効果が薄らぐのも事実です。マニュアルを読むことで経験の浅いスタッフでも一定レベルのサービスが提供できるようになるなどプラスの効果がある一方で，マニュアル型の人間は応用も利かないし気も利かない，などと揶揄されることもあります。しかしながら飲食，小売，サービスと業種の別にかかわらず，多店舗化を進めるにあたってはオペレーションレベルを一定に保つ必要があり，そのために標準的な作業仕様等を定めたマニュアルは必要不可欠となるのです。

　経営者が1人で目を光らせて管理できるのは3店舗程度までです。3店舗以上の多店舗化を目指すのであれば，オペレーションをある程度，標準化，システム化，マニュアル化していくことが必要になってきます。
　本書は，実際のマニュアルサンプルを掲載し，マニュアル記載内容のポイントや作成方法をわかりやすく解説しています。これから多店舗化を目指す若く意欲的な経営者の方には入門書として，すでに複数店舗経営されていて本格的なマニュアル体系をつくりたいというベテランの経営者の方にはマニュアルのひな型集として活用できる構成といたしました。読者の皆様が本書を通じてマニュアルのポイントや勘どころを会得され，スムーズなマニュアル作成と多店舗化が図れることを祈念しています。

2016年3月　　　　　　　　　　　　　　　　　　フランチャイズ研究会

目　次

はじめに　*i*

第1章　多店舗化とマニュアル作成の基本

1. 多店舗化の基本 …………………………………………………… *2*
　1 多店舗化の意義　*2*
　2 多店舗化の類型　*4*
　3 多店舗化のステップ　*6*

2. マニュアル作成の基本 …………………………………………… *10*
　1 マニュアルの意義　*10*
　2 マニュアル体系　*12*
　3 マニュアル作成のステップ　*15*
　4 マニュアル作成のタイミングと留意点　*18*
　5 マニュアル作成時の体制づくり　*20*

3. わかりやすいマニュアル ………………………………………… *23*
　1 わかりやすい文章　*23*
　2 わかりやすいデザイン　*25*
　3 管理しやすい構成　*29*
　4 電子マニュアルや動画の活用　*30*

4. マニュアル作成準備チェックシート …………………………… *34*

第2章　マニュアル作成の実践

- ◆本章の読み方 …………………………………………………… *36*
- 1. 基本マニュアル …………………………………………………… *38*
  - 1 基本理念（経営理念）　*38*
  - 2 ビジョン　*40*
  - 3 コンプライアンス・社会的責任　*42*
  - 4 求める人物像　*44*
  - 5 ビジネスモデル　*46*
  - 6 ストアコンセプト　*48*
  - 7 ブランド・標章の管理　*50*
  - 8 マニュアルの管理　*52*
- 2. 管理マニュアル …………………………………………………… *54*
  - 1 管理者の役割①　*54*
  - 2 管理者の役割②　*56*
  - 3 売上・利益管理①　*58*
  - 4 売上・利益管理②　*60*
  - 5 金銭管理　*62*
  - 6 労務管理①　*64*
  - 7 労務管理②　*66*
  - 8 人事管理　*68*
  - 9 衛生管理　*70*
  - 10 店舗設備管理　*72*
  - 11 安全管理　*74*
  - 12 情報システム（ネットワーク）管理　*76*
  - 13 顧客情報管理　*78*
  - 14 クレーム管理（FAQなども含む）　*80*
  - 15 危機管理　*82*
  - 16 本部報告（帳票類）　*84*

3. オペレーションマニュアル …………………………………… 86
 ① オペレーションの基本① 86
 ② オペレーションの基本② 88
 ③ 1日の流れ① 90
 ④ 1日の流れ② 92
 ⑤ 製造作業〜衛生管理・品質管理① 94
 ⑥ 製造作業〜衛生管理・品質管理② 96
 ⑦ 製造作業〜原材料の発注・在庫管理① 98
 ⑧ 製造作業〜原材料の発注・在庫管理② 100
 ⑨ 製造作業〜製造レシピ・製造手順① 102
 ⑩ 製造作業〜製造レシピ・製造手順② 104
 ⑪ 製造作業〜作業（サービス業等のポイント） 106
 ⑫ 販売接客〜マーチャンダイジング・売場づくり① 108
 ⑬ 販売接客〜マーチャンダイジング・売場づくり② 110
 ⑭ 販売接客〜マーチャンダイジング・売場づくり③ 112
 ⑮ 販売接客〜身だしなみ 114
 ⑯ 販売接客〜接客① 116
 ⑰ 販売接客〜接客② 118
 ⑱ 販売接客〜レジ操作 120
 ⑲ 販売接客〜店舗の清掃・クレンリネス① 122
 ⑳ 販売接客〜店舗の清掃・クレンリネス② 124

4. マーケティングマニュアル …………………………………… 126
 ① マーケティング計画の立案と実行 126
 ② エリア販促 128
 ③ WEB販促 130
 ④ 新規顧客獲得 132
 ⑤ リピーター対策 134
 ⑥ 固定客化対策（CRM・RFM分析） 136

第3章 本部用マニュアル

1. オープンマニュアル……………………………………………140
　①オープン業務全体のマニュアル　140
　②フローチャートとスケジュール管理　144
　③立地評価マニュアル　146
2. スーパーバイジングマニュアル………………………………150
　①スーパーバイジングの基本　150
　②スーパーバイジングの実践　152
3. 加盟店開発マニュアル…………………………………………158
　①加盟店開発の考え方　158
　②加盟店開発マニュアルの構成　160

第4章 マニュアルの管理と活用

1. マニュアルの管理と運用………………………………………164
　①マニュアルの管理体制　164
　②マニュアルの運用とメンテナンス　166
　③マニュアル改訂のルールづくり　167
2. マニュアルの活用………………………………………………170
　①マニュアルを活用する　170
　②チェーン加盟者への研修　173
　③新人スタッフへの研修　176
　④店舗指導時　178
3. マニュアル管理・活用チェックシート………………………180

用語集・参考資料

用語集 ……………………………………………………………… *182*
参考資料 …………………………………………………………… *205*
 第2章サンプルマニュアルの章立て：スケルトン *205*
 定時報告書（日報） *209*
 定時報告書（月報） *210*
 つり銭管理表 *211*
 クレーム報告書 *212*
 ロス報告書 *213*
 レシピシート（ベーカリーストア） *214*
 SV訪問日報 *215*
 パートタイム労働者就業規則の規定例 *216*

第 1 章

多店舗化とマニュアル作成の基本

1. 多店舗化の基本

1 多店舗化の意義

　店の出店が成功し軌道に乗ってくると，事業を1店舗のみにとどめるのではなく，それを多店舗展開し，より多くの人々に自店（自チェーン）を利用していただき，一層の地域貢献を図っていきたい，と考えるのは事業家としてごく自然なことでしょう。1ユニット当たりの売上に限界のある店舗展開型事業において，事業規模の拡大・成長は，多店舗化を行うことによってもたらされます。多店舗化の意義は次のとおりです。

図表1-1　多店舗化の意義

① 認知度の向上による競争力強化
② スケールメリットによる仕入原価等のコストダウンなどの経営効率アップ
③ 経営のリスク分散・リスク回避などの経営安定化
④ スタッフのキャリアパス形成の多線化による満足度・モチベーションアップ
⑤ 店舗運営における課題の発見と解決のスピードアップ

① 認知度の向上による競争力強化

　多店舗化することによって，1店舗のみの時では得られなかった顧客認知度が飛躍的に向上します。たとえ数店舗の展開であったとしても，一定地域にドミナント展開をすることで認知度は大幅にアップします。消費者にしてみれば，1店舗しか展開していない企業より，同じ地域で複数店展開している企業の方により安心・信頼を感じます。

　また，ドミナント展開することで，同一商圏にライバル企業が参入しづらい状況を作り出すことができます。その結果，地域の中での競争力が強化されます。

さらに，多店舗展開による認知度の向上は，当該店舗の利用者に対してのみならず，事業者間の取引にも好影響をもたらします。商品・材料の仕入取引はもちろん，店舗出店の物件探索において，好立地・好物件が確保しやすくなることが競争力強化に大きく働きます。

② スケールメリットによる仕入原価等のコストダウンなどの経営効率アップ

　多店舗化によって，取引先との交渉力における強みが増し，有利に交渉を進めることができます。その結果，仕入原価等のコストが削減され，その分，確実に収益力がアップします。

　さらにそこで出た余裕分を今後の設備投資に回すことで，さらにチェーン全体としての経営の強化・効率化を図ることができます。

③ 経営のリスク分散・リスク回避などの経営安定化

　1店舗のみの経営であれば，急激な立地環境の変化等でその店の経営が行き詰まれば，それで終わりです。しかしながら多店舗化することで，仮にその中の1店舗がだめになったとしても，その他の店で全体の経営を支えていくことができます。多店舗化することで，経営全体のリスク分散・リスク回避が図れ，経営の安定化に寄与します。

④ スタッフのキャリアパス形成の多線化による満足度・モチベーションアップ

　店舗が1店舗しかなければ，店長には1人しかなれません。その状況では，店長職に就くことがキャリアとしての"あがり"です。

　しかし，多店舗化を行えば，店舗をいくつかまとめて指導するスーパーバイザー（統轄店長）としての職務を担うポジションが必要になってきます。さらに本部機能としての店舗開発，商品開発，販売促進・広告宣伝，人材育成などのスタッフも必要になってきます。

　店長で終わりの単線的なキャリアパスではなく，多店舗化によってスーパーバイザーをはじめとする専門職への多線的なキャリアパスが形成されることで，当該企業で働く従業員の満足度やモチベーションがアップし，人材の定着化を図ることができます。

⑤ 店舗運営における課題の発見と解決のスピードアップ

　1店舗を運営するだけでは一般化できず，なかなか見えづらかった課題も，多店舗化を進める過程では明確にあぶり出されてきます。複数の店舗に共通す

る課題は，当該チェーンに存在する本質的な課題といえます。複数の店舗でそれらの課題の共有化を行い，解決に向けて同時に動くことで，解決のスピードアップも図れます。

2 多店舗化の類型

多店舗化を進めていく場合の「型」は，着目する視点により次のように分けられます。

図表1-2　多店舗化の類型

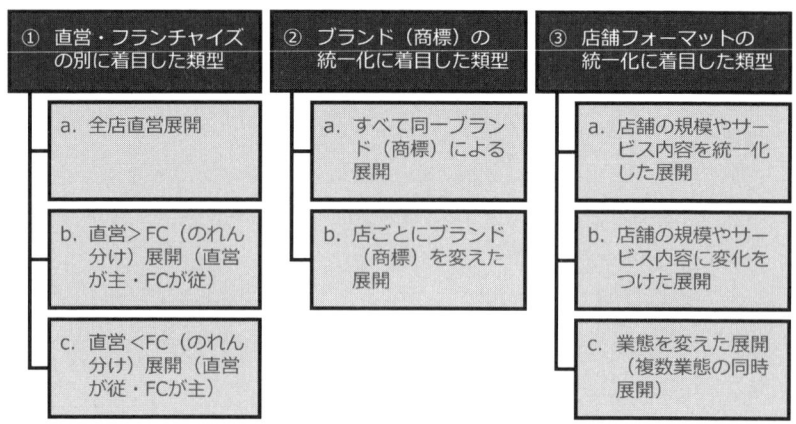

① 直営・フランチャイズ（FC）の別に着目した類型

a. 全店直営展開

すべての店舗を本部（本社）直営で展開する類型です。直営店の収益がそのまま企業の収益となり，従業員の直接雇用によって組織統制の徹底を図れることがメリットです。個々の店舗の利益率が高く直営での人材確保に問題がなければ，企業全体としての高収益が期待できます。一方，直営での多店舗化には，店舗開設費用などの初期投資として多額の資金調達が必要になり，フランチャイズと比べてスピード展開が難しいといったデメリットがあります。

b. 直営＞FC（のれん分けを含む）展開（直営が主・FCが従）

直営店での多店舗化を中心に，一部をフランチャイズ（もしくは「のれん分

け」）で展開していく類型です。フランチャイズ（のれん分けを含む）店に対する統制が必要となってきますが，店舗数が少ないうちは比較的統制は取りやすい状況です。直営のみの展開よりも資金調達は楽になりますが，直営展開が主のうちは，その時点の資金調達力の程度によって展開のスピードが左右されます。

c. 直営＜FC（のれん分けを含む）展開（直営が従・FCが主）

フランチャイズ（のれん分けを含む）での店舗展開を中心に行い，フラッグシップストア（orトレーニングストア）となる直営店を保持していく類型です。上記のa・bよりも店舗展開のスピードアップが可能であり，資金調達についても自社による調達の必要性が少なくなります。ただし，フランチャイズ（のれん分けを含む）店に対する厳格な統制が必要となり，そのためにフランチャイズ契約のスキームをしっかり作り込むとともに，スーパーバイジング体制もしっかり構築しておくことが重要になります。

② ブランド（商標）の統一化に着目した類型

a. すべて同一ブランド（商標）による展開

多店舗化をすべて同じブランドで行う類型です。フランチャイズは本部が登録した商標の使用を許諾することがベースですので，すべて同一ブランドによる展開になります。展開するブランドを統一することで顧客への認知度が高まります。

b. 店ごとにブランド（商標）を変えた展開

多店舗化の際，店のブランドは1つに統一せず，店ごとにバラバラのブランドをつけて展開する類型です。従来のボランタリーチェーンがこの形態をとるケースが多いです。店舗ごとに個性を発揮しやすくなりますが，チェーンとしての認知度のアップなどブランド・エクイティの確立は難しくなります。

③ 店舗フォーマットの統一化に着目した類型

a. 店舗の規模やサービス内容を統一化した展開

物件の状況により多少のアレンジはあるものの，原則フォーマットを統一化した展開です。顧客にとってはわかりやすく，どの店舗でも同一のサービスを受けられるという安心感を作り出すことができます。店舗設備の一括購入（発注）により，大幅なコストダウンが図れる可能性もあります。

b. 店舗の規模やサービス内容に変化をつけた展開

　立地条件により，店舗規模やサービス内容を大きく変えて展開するパターンです。複数の異なる店舗フォーマットを持ち，それらを状況に応じて使い分けます。aより出店業務は複雑になりますが，顧客のニーズに合わせた展開が可能になります。

c. 業態を変えた展開（複数業態の同時展開）

　たとえば，飲食業でいうならば，焼鳥店と中華料理店とうどん店を同時に展開するやり方です。出店・運営とも複雑になるため，オペレーション効率の面でのメリットはありませんが，メニュー開発などに相乗効果が期待できます。

3 多店舗化のステップ

　前述の「直営＜FC（のれん分けを含む）展開（直営が従・FCが主）」のケースに基づき，多店舗化のステップを整理すると以下のようになります。

① 直営1号店の成功

　多店舗化の第一歩は，何をおいても直営1号店を成功に導くことにあります。これなくしてその後の多店舗展開はありえません。

② 直営1号店での検証（マニュアル策定含む）を経た直営2～3号店出店

　1号店が成功すると，そのまま何も考えずに2号店，3号店の出店に走ろうとするケースが散見されますが，それでは次の成功は見えてきません。ここで将来の多店化を見据えてやるべきことは，1号店での検証作業です。

　成功要因は何かを具体的に抽出し，それを横展開できるように，標準化，ノウハウ化，システム化の準備をしておくことが重要です。1号店から見えてきた課題を整理し，2号店・3号店の出店に活かします。この段階で多店舗展開に向けたマニュアルの原型も作成しておきます。

③ FC（のれん分け）プロトタイプ店の確立

　3号店まで出店し，1号店・2号店を含めた業績の検証ができれば，その中から今後のフランチャイズ（のれん分けを含む）展開の原型となるプロトタイプが出来上がります。

　プロトタイプの確立に向けて整理しておくべき事項は「業態コンセプト」，

「立地タイプと適正商圏」、「取扱商品・サービス」、「店舗オペレーション」、「店舗デザイン・設計」、「販売促進策」、「必要とされる経営管理システム」などです。

図表1-3　プロトタイプ店のコンセプトシート

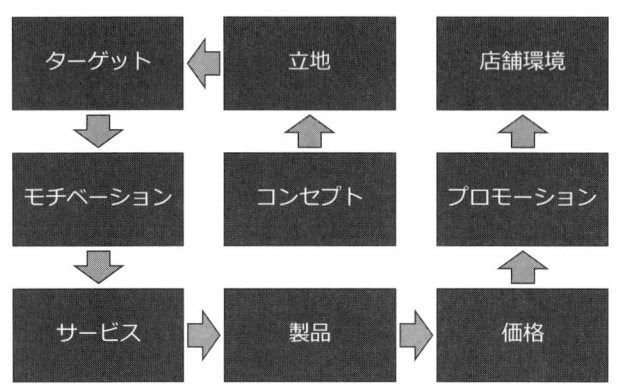

④ **多店舗（FC・のれん分け）展開理念の構築**

多くの店舗が統一した活動を行うようにするためには、多店舗展開における経営理念をしっかりと構築しておくことが必要です。経営理念とは、企業経営を行うにあたり経営者が前提としている経営哲学で、基本的な価値観、信条や信念、行動基準のことをいいます。構築にあたっては、「経営の基本姿勢の策定」、「社会的使命の明確化」、「行動基準の策定」の3段階で行います。

⑤ **本部としての事業計画・組織体制の策定**

まず、何のために多店舗化するのかを明確にしたうえで、将来何店舗まで多店化するのか、その際、チェーン全体としての売上高（末端売上高）はどのくらいを目指すのか、本部としての収益はどうなるのか、本部組織はどのような体制を取るのか、といったことについて、事業計画をまとめます。前述したプロトタイプのコンセプトシートのようなフレームを使って、多店舗化事業の概要を1枚のシートにまとめてみるのもよいでしょう。

図表1-4　多店舗化事業のコンセプトシート

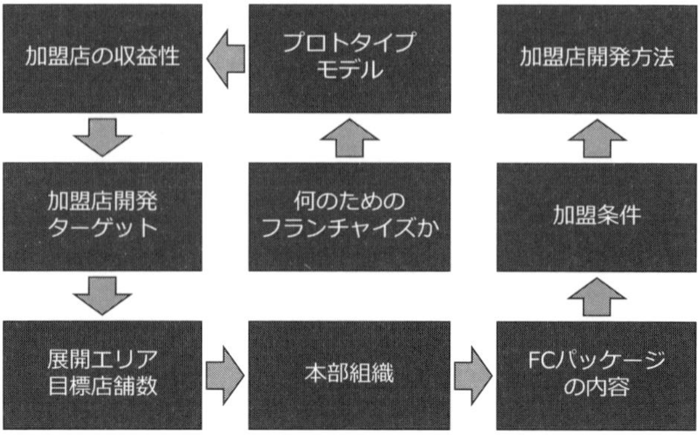

```
加盟店の収益性 ← プロトタイプモデル      加盟店開発方法
    ↓↑            ↑↓              ↑↓
加盟店開発        何のための          加盟条件
ターゲット       フランチャイズか
    ↓             ↑                ↑
展開エリア   →   本部組織      →   FCパッケージ
目標店舗数                          の内容
```

⑥ FC（のれん分け）パッケージ（FCマニュアルの完成含む）の構築

　フランチャイズ（のれん分け）パッケージとは，店舗経営希望者に供与する統一商標，経営ノウハウ（マニュアル），継続的支援の内容などをひっくるめて総称したものです。本部としてこれらの中身を1つひとつ具体的に詰めて，希望者にきちんと説明できるようにしておくことが必要です。

⑦ 加盟契約内容の決定（FC（のれん分け）契約書・法定開示書面）

　フランチャイズ加盟・のれん分けの契約条件を決定します。イニシャルフィーとしての加盟金，保証金，ランニングフィーとしてのロイヤルティ，共通広告費，システム使用料などの金銭面を含め，本部と加盟者間の権利・義務関係を体系的・包括的に定めた契約書を作成します。また，契約前に交付しなければならない法定開示書面（情報開示書面）も用意します。

⑧ 加盟店開発（のれん分け対象者育成）

　外部の加盟希望者，内部ののれん分け対象者を募集します。外部からの加盟者開発の方法としては，自社ホームページへの掲載，情報比較サイトへの掲載，FAX・DMの送付，展示会への出展，事業説明会の開催，営業代行会社の活用などがあります。内部からののれん分け対象者の募集にあたっては，独立までの資格要件を明確化し，制度として構築します。

⑨ 開業前後支援・継続的経営指導

　店舗をオープンする際のオープン前後の支援内容やオープン後のスーパーバ

イジング活動の内容を確立しておきます。

　以降，④〜⑨をブラッシュアップしながら継続成長発展を目指します。

図表1-5　多店舗化のステップ

多店舗化のステップ
① 直営1号店の成功
② 直営1号店での検証（マニュアル策定含む）を経た直営2〜3号店出店
③ FC（のれん分け）プロトタイプ店の確立
④ 多店舗（FC・のれん分け）展開理念の構築
⑤ 本部としての事業計画・組織体制の策定
⑥ FC（のれん分け）パッケージ（FCマニュアルの完成含む）の構築
⑦ 加盟契約内容の決定（FC（のれん分け）契約書・法定開示書面）
⑧ 加盟店開発（のれん分け対象者育成）
⑨ 開業前後支援・継続的経営指導

1．多店舗化の基本

2.マニュアル作成の基本

1 マニュアルの意義

① 一定の品質を維持する

　マニュアル作成の最大の目的は，提供する商品やサービスの品質を一定のレベルに保つためであるといえます。共通のブランドを使用してチェーンビジネスを展開する場合，商品を作る人やサービスを提供する人が異なっても一定で同質の商品やサービスを提供しなければ，ブランド価値は高まりません。

　マニュアルによってオペレーションを標準化することで，商品やサービスを提供するまでのプロセスでのバラツキがなくなってきます。プロセスに含まれる要素とは，飲食業であれば「提供する料理の材料の分量，調理手順，盛り付けのバランス」など，サービス業であれば「提供するサービス環境の基準，提供の方法，アフターフォローの方法」などです。小売業であれば「商品の受発注方法，品揃えの基準，ディスプレイ，棚割りや陳列方法」などでしょう。

　このようにマニュアルを活用して，「あのチェーンに行けば，だいたいこのくらいの商品やサービスが受けられる」という安心感を顧客に与えられるようなオペレーションを目指さなければなりません。ブランドには大きく分けて「出所表示機能・品質保証機能・広告宣伝機能」という3つの機能がありますが，マニュアル作成はこの中の「品質保証機能」を担保するために必要不可欠なタスクなのです。

② 研修やトレーニングで活用する

　マニュアルは作成して終わりではなく，活用されることに意義があります。事務所のキャビネットに置かれているだけでは意味がなく，新しいスタッフの研修のテキストとして活用するとか，店舗や現場でオペレーションをチェックする際の指標とするなど，実際に活用されなければなりません。

　新人の教育研修には，マニュアルを基本テキストとして座学で基本的な考え方や技術をレクチャーして，応用的な要素を模擬演習や実地トレーニングで補完するようにします。チェーンオペレーションの効率を上げるためには，オペレーションの80％程度を標準化してマニュアルに落とし込み，残りの20％程

度を実地トレーニングなどのOJT（オン・ザ・ジョブ・トレーニング：実際に横について手本を見せるなどしてトレーニングすること）という構成にするとよいでしょう。

100％オペレーションを標準化するというのは不可能なことですし，顧客満足度の視点から考えると顧客は応用的な20％のサービスに付加価値を感じるということからも，80％程度の標準化の割合をおすすめします。

③ マニュアルの現場活用とメンテナンス

マニュアルに記載しているチェックリストには，作業前の準備チェック，ユニフォームや身だしなみのチェック，言葉遣いや接客態度のチェック，閉店時の確認チェックなど，さまざまなものがあります。これらのチェックリストは実際に現場で使用しながら，随時修正や更新を加えて使い勝手がよいようにメンテナンスしていくことが大切です。

また，言葉で伝えるだけではわかりづらい事柄を，写真やフローチャートで表現して現場に掲出しておくことで，微妙なニュアンスや解釈の違いを避けることができます。こういった現場で活用する場面の多いマニュアル関連書類は，定期的に見直し最新のものに変えていくことが必要です。

メンテナンスをしたら，いつ，どの個所を，どのように変更したかを記録しておくとよいでしょう。本部にマニュアル担当者を配置して，メンテナンス情報を一元管理しておくと，継続的なマニュアル運用が容易になります。

④ フランチャイズにおけるマニュアルの位置づけ

フランチャイズにおいては，加盟金は主として「商標の使用許諾とノウハウの供与」の対価として位置づけられています。この「ノウハウの供与」にあたる具体的な行為が，ノウハウの結集としての「マニュアル」の提供，および「マニュアル」を使ってノウハウを定着させる「研修」の実施，ということになります。したがって，加盟金の金額に見合うノウハウを提供している根拠として，マニュアルが相応の質と量を具備していることが，フランチャイズ本部と加盟者との良好な関係を構築するうえでも重要な要件となります。

たとえば，加盟者がフランチャイズ契約後に，諸事情があり事業の開始に至らず契約解除となった場合，フランチャイズ契約に「加盟金不返還条項」を設けていたとしても，その価額がノウハウとして考えられる対価に対してあまり

にも高額であると，加盟金不返還条項が認められないケースもあります（参考：平成15年7月24日判決　神戸地裁　ステーキワン事件）。

　係争に至った場合，マニュアルの質的な評価を行うのは解釈が分かれるものの，量的な評価はマニュアルのページ数を見れば一目瞭然であることから，少なくとも一定量のボリュームを持ったマニュアルを用意しておかなければなりません。

2 マニュアル体系

図表1-6　マニュアルの体系例

種類	対象	内容
基本マニュアル	チェーン本部（直営・FCとも） FC加盟者（オーナー）	FCチェーンの場合は、オーナー向けのニュアンスが強くなる。本部の理念や価値観、経営方針を記載したもの
管理マニュアル	事業責任者（直営・FCとも） ※FC加盟者（オーナー）が店舗管理をする場合は、オーナー	事業責任者が管理すべき項目を説明したもの
オペレーションマニュアル	事業責任者およびスタッフ（直営・FCとも）	事業に携わるスタッフのすべてにかかわる運営の手引き。最初に作成するもの
マーケティングマニュアル	チェーン本部（直営・FCとも） FC加盟者（オーナー） ※場合により事業責任者	販売促進や広告宣伝のスケジュールや手法を記載したもの
オープンマニュアル	チェーン本部（直営・FCとも） FC加盟者（オーナー）	事業開始までの段取りを記載したもの。FCでは、本部用とFC用に分かれる
スーパーバイジングマニュアル	チェーン本部（直営・FCとも）	本部から派遣される指導者が指導するためのガイドラインとするもの
加盟店開発マニュアル	チェーン本部（FC）	FC本部のみ必要。加盟者を開発するマーケティング手法について記載したもの
マニュアル管理マニュアル	チェーン本部（直営・FCとも）	マニュアルの保管方法やメンテナンスなど、マニュアル管理運営のルールを決めたもの

① 基本マニュアル
　基本マニュアルは，チェーンの目指す姿や理念を表したものになります。多店舗化によってブランドの汚染や希釈化が起こらないように，チェーンとして守るべき価値を共有しておく必要があります。最近では，企業の守るべき責任に対する世間の目がより厳しくなってきていますから，環境や社会と融和した経営スタイルが求められます。チェーン全体が理念共同体として活動していくための，重要なマニュアルとなります。

② 管理マニュアル
　管理マニュアルは，店長などの事業責任者がマネジメントすべき業務について記したマニュアルです。金銭管理，売上管理，スタッフの労務管理，施設管理，顧客管理など，およそ「管理」と名の付く業務について解説します。事業責任者の管理責任を明確にするためにも，管理マニュアルで管理業務を明確に規定することが大切です。事業責任者の悪意による不祥事を防止するのはもちろんのこと，無意識による過誤を避けるためにも，管理マニュアルを整備する必要があります。
　フランチャイズチェーンの場合，フランチャイズ本部が何を管理マニュアルに規定しているかによって，違法行為の責任がフランチャイズ本部にあるのか加盟者にあるのか解釈が分かれることがありますので，コンプライアンスに留意して作成しなければなりません。

③ オペレーションマニュアル
　マニュアル作成の順番からすると，最初に作成されるのは現場の運営を記した，オペレーションマニュアルとなります。オペレーションマニュアルは店舗運営のすべてを記載するわけですから，商品やサービスの標準化には必須のマニュアルとなります。オペレーションマニュアルには，製造マニュアル，調理マニュアル，販売マニュアル，接客マニュアルなどがあります。これらは業種業態によってさまざまであり，多くの場合ここにビジネスモデルの個別具体的なノウハウが記載されています。
　マニュアルの大きな目的は標準化ですから，誰が見てもわかりやすいマニュアルづくりを心掛ける必要があります。特にオペレーションマニュアルは現場作業を解説しているものなので，図や写真を使って，わかりやすく作成すると

よいでしょう。

④ マーケティングマニュアル

　開業前あるいは開業後にどのように販売促進や広告宣伝をすればよいか，というマニュアルです。チェーンの場合，本部が一括して販促をする場合は管理マニュアルに付随するものとなりますが，個々の事業体がそれぞれ販促活動を行う場合はオペレーションマニュアルに付随するものとなります。マーケティングマニュアルはマーケティングのベストプラクティスを分析したものであり，複数の事業体のデータを統計解析する必要があるため，運営年数の長い本部ほど精度の高いものになります。

⑤ フランチャイズチェーン特有のマニュアル

　オーナーマニュアルは基本マニュアルのアレンジ版といったもので，フランチャイズ本部と加盟者が理念共同体として事業をするうえで必要となる，フランチャイズ本部の理念や価値観を記載したマニュアルです。両者は多くの場合，共通のブランドを使用して事業を行うため，基本的な価値観を共有しておく必要があります。

　加盟店開発マニュアルは，フランチャイズ本部が加盟者を募集するマーケティングの手順を示したマニュアルとなります。これはフランチャイズ本部のみが使用するものとなります。

⑥ その他のマニュアル

　オープニング（開業）マニュアルは店舗を開店させる手順や段取りを記載したマニュアルであり，基本的には1回しか使用しません。直営チェーンの場合は本部用のみですが，フランチャイズチェーンの場合はオープニング業務を本部と加盟者で分担するため，本部用とフランチャイズ加盟者用の2種類のマニュアルをつくる必要があります。

　スーパーバイジング（SV）マニュアルやマニュアル管理マニュアルは本部用のマニュアルであり，その他のマニュアルが充実してきてから作成に取りかかるとよいでしょう。

3 マニュアル作成のステップ

図表1-7 マニュアル作成のステップ

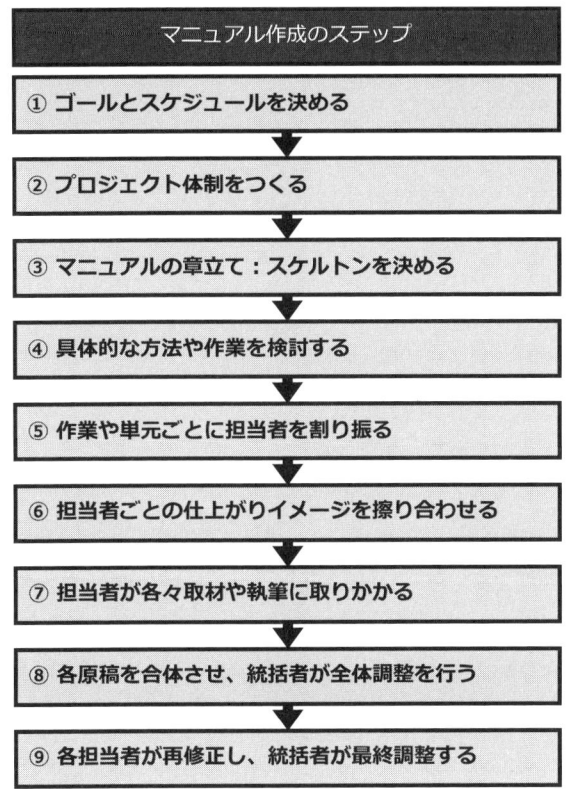

① マニュアル作成に取りかかる前に

　チェーンオペレーションに向けての取組みは,「標準化」→「システム化」→「マニュアル化」の順に進みます。マニュアル作成に取りかかる前に,これらの標準化やシステム化ができているかどうか確かめる必要があります。

　標準化とは,製造方法,調理方法,施術方法,接客方法など,チェーンの中で決められたルールや手順を確立することです。人によってやり方が違っては,チェーン全体の質を担保できませんから,まずはオペレーションを標準化することから始めます。

次の段階であるシステム化はコンピュータのソフトを入れてIT化するといった意味ではなく，しくみ化するあるいは段取り化すること，といってもよいでしょう。システム化は個々の作業レベルから始まり，しかる後，作業工程全体を取り扱います。標準化された作業レベルの各要素が，オペレーション全体の中で最適化されている状態，これがシステム化です。システム化による最大の効果は「ムダの排除」です。オペレーション全体をシステム化することで，人員の最適な配置や，在庫過多やロスの発生を抑制することができます。

　これらシステムの管理業務をさらに効率化するのがIT化ですが，IT導入に関しては初期投資もかかることから，事業規模や期待される効果を鑑み，投資採算性を検討したうえで決定すべきです。オペレーションのしくみ化がないままやみくもにITを導入しても，それはシステム化とはいえず，効果もさほど望めません。

② 実際のマニュアル作成の流れ

　マニュアル作成の手順は，一般的なプロジェクトマネジメントの手順を参考にすればよいでしょう。ゴールやスケジュールを決め，作業の洗い出しを行い（WBS：Work Breakdown Structure），担当者を割り振り，担当者が作業を行い，プロジェクトマネージャーが調整を行い，完成に向けて進む，といった流れです。

③ マニュアルの章立て：スケルトンづくり

　マニュアル作成で最も特徴的なプロセスは，「章立て：スケルトン」づくりです。最初に取りかかるであろうオペレーションマニュアルであれば，大項目，中項目，小項目，備考，といったように章立てを構造化します。プロジェクトマネージャー（統括者）がたたき台として案を作成し，メンバーと意見交換してブラッシュアップする方法がよいでしょう。

　また，先行して個別に手順書のようなものがあるのであれば，それぞれの項目にどの手順書が流用できるかなどを検討していきます。マニュアル作成におけるスケルトンづくりは，建築でたとえるなら基礎工事にあたるところで，まさにマニュアルの骨子となるものです。ブラッシュアップには十分な時間をかけて（ただし個別具体的な詳細にまで踏み込む必要はありません），ヌケモレのないように準備するのが理想です。

図表1-8 章立て：スケルトンの例

分冊	大項目	中項目	小項目	頁数	既存マニュアルの活用	確認ポイント
Ⅲ オペレーションマニュアル（基本、食材管理）	1 オペレーションの基本	(1) ABCベーカリーの基礎知識		4		ABCベーカリーのコンセプト、理念 お客様に感じてほしい価値 店舗スタッフに期待している内容
		(2) 一日の流れ		2		仕込みから閉店までやるべきことの大枠、要点確認（ホール、キッチンなど役割別）
	2 食材の管理・発注	(1) 手指の消毒		2		手洗い⇒消毒 のルール確認
		(2) 食材一覧・発注先		1		既存フォーマットの有無 業者の情報、発注食材概要、発注方法、リードタイム
Ⅳ オペレーションマニュアル（販売、クリンリネ	1 販売	(1) マーチャンダイジング	① MDの基本	2		売り場での陳列在庫確認、商品補充のタイミング（判断基準）、
			② 陳列	4		商品陳列の方法、焼き立て表示のルール
			③ ディスプレイ	4		おすすめコーナーの作り方、レジ前コーナーの作り方
		(2) 接客	① 接客の基本	4		接客の基本理念、挨拶のしかた、顧客に合わせた対応等
			② 販売時の接客	4		販売時の声掛け、販売時の注意点等

④ 文書だけでなく図表を積極的に活用する

　わかりやすいマニュアルを作成するためには，文章ばかりでなく写真やイラスト，フロー図や表などの図表を多く使うように構成します。なぜ図表を多用するかという理由は，情報提供は文章による左脳への刺激に加えて，図表を使って右脳も刺激することで，脳への定着率を向上させる狙いがあるからです。

　マネジメントマニュアルで使用するフロー図やマトリックス図などはデスクワークで作成できますが，オペレーションマニュアルで多用する写真やイラストには現場での取材やヒアリングが欠かせません。「答えは現場にある」などともいわれていますから，マニュアル作成を契機として現場に足繁く通うことで，業務改善の種を見つけることもあるでしょう。

4 マニュアル作成のタイミングと留意点

① マニュアル作成のタイミング

　マニュアルの作成は，事業単位が3つを超えたあたりで検討するのが適当と思われます。経営者が，経営全般の意思決定と現場オペレーションのハンドリングを兼任する場合，1人でこなせる範囲は3事業所程度といわれています。したがって，それ以上の事業所で提供する商品やサービスの質を一定レベルに担保しようとすると，何らかのマニュアルが必要となります。

　しかし現実的には，そのようなタイミングで能動的にマニュアル作成に取り組むことになるとは限りません。どちらかというと事業所が増えてきて，各事業所によって提供する商品やサービスの質がバラバラになりさまざまな不具合が起こってから，マニュアル作成を思い立つことが多いようです。また極端な例でいえば，不十分な準備でフランチャイズ展開を始めたものの，加盟者からの不満がつのり係争寸前になって慌ててマニュアル作成を始める，などということもあります。

　3事業所を超えたところでマニュアル作成を思い立つのは，なかなかきっかけがつかめないにしても，他人資本を利用してフランチャイズ展開を始める前には，一定レベルの質と量を持ったマニュアル体系を整備しておかなければなりません。

② 外注する際の留意点

　外部コンサルタントには，マニュアルの仕上げや加工といった見映えにかかわるところだけではなく，実際的なプロジェクトマネジメントの役割といった根幹にかかわるところを任せることもあります。このような場合，現実的には外部コンサルタントがサブ・プロジェクトマネージャーとしてプロセスコンサルティングを行い，プロジェクトの最終的な意思決定は内部のプロジェクトマネージャーである社内のミドルマネジメントが行う，という体制をとることをおすすめします。

　また，社内担当者は外部コンサルタントと定期的にミーティングを行い，進捗を確認しなければなりません。マネジメント（管理）マニュアル作成の場合は現場責任者を，オペレーションマニュアル作成の場合は現場のスタッフを

ミーティングに同席させて，マニュアルの内容に現場目線の記述を加えていきます。マネジメントやオペレーションの解説に，いわゆる「勘どころ」とでもいうべき実務の細かいニュアンスが反映されていないと，実際には使えない，使用しにくいマニュアルになってしまう恐れがあります。その後円滑にマニュアルのメンテナンスを進めていくうえでも，現場に精通したスタッフを作成時から参加させておくことが重要です。

加えて，マニュアルは事業の競争優位性の源泉となるノウハウや情報の集積，という性格のものでもあることから，漏洩リスクには細心の注意を払う必要があります。漏洩リスクを避けるために外部コンサルタントと守秘義務契約書を結ぶのは当然のこと，実績や資格などを考慮して信頼できる外部スタッフを厳選すべきです。ちなみに，経営コンサルタントとして唯一の国家資格者である中小企業診断士は，資格要件としてクライアントとの守秘義務が厳格に規定されているため，中小企業診断士資格を有するコンサルタントと契約することは，一定のリスクヘッジにはなるでしょう。

図表1-9　内製・外注のメリット・デメリット

	内製	外注
メリット	➢ ノウハウが組織内部に蓄積する ➢ コストがかからない ➢ メンテナンス体制が組みやすい	➢ 短期間で作成できる ➢ 仕上がりがきれいにできる ➢ 網羅的なマニュアル体系となる
デメリット	➢ 時間がかかる ➢ 仕上がりが不揃いになる ➢ ヌケモレが発生する	➢ ノウハウが内部に残らない ➢ コストがかかる ➢ メンテナンスに向けた体制が組みにくい

③ フランチャイズ展開時のマニュアルの役割

フランチャイズ展開時のマニュアルの目的は，加盟事業者において転写性を確保することにあります。「同じマニュアルに従って運営することで，標準店舗の質を保った店舗を再現することができる」ことがマニュアルに求められます。チェーン化の基盤は「自社の商品やサービスはどのように他のものと比べて優れているのか」という「質」の違いや，サービスに関する考え方の違いを，オペレーションに関わるすべてのスタッフが共有することにあります。こ

の「思い」「質に関する基準」「サービスの基準」をフランチャイズ本部とフランチャイズ加盟者が共有するために，マニュアルが重要なツールとなります。

5 マニュアル作成時の体制づくり

　マニュアル作成においては，全体を取りまとめるプロジェクトマネージャーと，各パートを執筆作成する担当者でプロジェクト組織をつくります。各パート担当者は部分最適になりがちなので，各パートの重複を調整しベクトルを合わせるための統括者としての，プロジェクトマネージャーの役割は重要です。

　プロジェクトマネージャーは大局的な判断が必要な場合もあるので，組織の中でのミドルマネージャークラスが適任であり，細かいプロセスチェックや仕上がりなどをチェックするサブマネージャーにはロワーマネージャークラスが就く，という体制が組めると理想的です。

① プロジェクトマネージャーの選任

　プロジェクトマネージャーは，マニュアル作成の全体をコントロールし，スケジュール進行を管理します。当然ですが，マニュアル作成の舞台となる標準店舗の店長やスタッフに業務指示を出すケースもあります。そのため，プロジェクトマネージャーは店舗オペレーションと本部業務の両方を理解したミドルクラスのマネージャー以上であることが望ましい姿です。もし，該当する人材がいなければ，チェーンオーナーの右腕になるような方を担当者とすることが，マニュアル作成をスムーズに進めるためには効果的です。

② モデルオペレーションスタッフの選任

　オペレーション系のマニュアル作成にあたっては，実際の標準店舗のオペレーションをトレースすることが基本になります。そのためには，「標準的なオペレーション」を，「標準レベル」で実施できるスタッフがオペレーション内容を整理し，その手順を記述し，必要な解説を加えていくことが必要です。

　そのため，マニュアル作成に関わるオペレーションスタッフはあくまでも「標準的な技術・能力レベルのスタッフ」とすることが望ましいのです。

　このとき，標準作業レベルを決めるオペレーションスタッフのレベルが高すぎると，実際の店舗運営ではマニュアルに従っても標準店舗の運営レベルを再

現できず，加盟者や新入社員にトレーニングを行うとき，実際の店舗オペレーションとマニュアル記述されている内容が違うということ（研修時のトラブルの原因になります）が発生する恐れがあります。

③ ライティングスタッフの設定

マニュアル作成にあたって，実際に文章にする作業は，オペレーションスタッフにとっては慣れない作業である場合が少なくありません。そのため，アウトラインをオペレーションスタッフが記述し，詳細な文章起こしを専任のライティングスタッフが行うような分業は，マニュアル作成にあたって効率的な方法です。

④ チェックスタッフの選任

本来，あってはいけないことですが，標準店舗のオペレーションスタッフの日常オペレーションがチェーンとしての基準から外れていることも起こります。そのため，文章に起こされたマニュアルをチェックし，基準どおりのオペレーションが記述されているかどうかをチェックすることが必要になります。これを担当するのがチェックスタッフです。規模の小さなチェーンではオーナー自身がチェックしてもよいですし，少し規模の大きなチェーンでは店舗運営を管理する部門がこれを行ってもよいでしょう。

当然ですが，標準店舗でのオペレーションがチェーンの基準から外れていると判断された場合は直ちに実際のオペレーションを修正することが必要です。

⑤ キックオフミーティングと体制の明確化

マニュアル作成をスタートする場合，関係者全員が集まって，それぞれの役割と全体の進行スケジュール，進行管理のミーティング実施計画，ゴールイメージを共有することが必要です。

そのためのプロジェクトマネージャーが主催したキックオフミーティングは必ず行う必要があります。

⑥ 進行管理のポイント

マニュアル作成にあたって，プロジェクトマネージャーは複数のマニュアルを同時進行的に作成していくことになります。そのため，プロジェクト管理は作成するマニュアルごとに進行管理表を作成し，1人のスタッフに複数の業務が同時に発生しないようなスケジュール管理を行う必要があります。

マニュアル作成時には，1つの中間生成物（書きかけのマニュアル）に複数の人が別々に修正を加えるということがたびたび起きます。こうした場合の管理方法をあらかじめ決めておくことも必要です。

たとえば，作成中のマニュアルは，「オペレーションマニュアル ver01」のようにバージョン番号をつけて管理する，番号を付加するのはプロジェクトマネージャーだけ，そのマニュアルに修正加筆した場合はバージョン番号の後ろに修正者の氏名と日付を記入してファイル名とする，と決めておきます。複数の修正を統合したものを新しいバージョン（例：オペレーションマニュアル ver02）としてプロジェクトマネージャーが全員に配布する，最新のマニュアルは常にプロジェクトマネージャーが管理する，というような方法です。

また，管理系のマニュアルでは実際の店舗の経営数値の分析や管理指標の設定，労務管理に関する法的な検討などで，税理士や社会保険労務士などの外部専門家の協力を必要とする事項もあります。

情報システム系のマニュアルでは外部のシステム会社が作成するケースもあります。こうした点を，あらかじめ考慮し，外部スタッフを含めたスケジュール管理を進めることもプロジェクトマネージャーの仕事として必要です。

飲食系のチェーンでは，調理マニュアルおよびレシピの作成が重要なテーマになります。この部分では調理スタッフが活躍するわけですが，実際の調理スタッフがレシピどおり調理しているとは限りません。必ず，作成されたレシピに従って実際に調理をして，メニューが再現されていることを確認することも重要なポイントです。

3.わかりやすいマニュアル

1 わかりやすい文章

　マニュアルは，チェーン展開を幅広く行っていくようなビジネス形態において「標準化されたノウハウを伝える」という重要な役割を担うツールです。そのためにはまず，わかりやすい文章で書かれていることが必要条件になります。

① ターゲットに合わせて書く

　わかりやすい文章を書くためには，まず，「読者は誰か?」をしっかりと把握することが必要です。新人とベテラン社員では知識レベルに差があるため，理解の度合いも変わってきます。マニュアルを書く側にとっては常識と思われることでも，読者にとっては知らない情報である可能性を常に意識しておくことが重要です。また，内容がわかりやすいものであっても，読者が理解できる言葉で書かれていなければわかりやすい文章とはいえません。とりわけ，専門用語や業界用語の使い方には配慮が必要です。

　特に，未経験者でも開業がしやすいフランチャイズビジネスでは，加盟者がまったく違う業界から参入してくる場合も少なくありませんので，業界用語の使用についても注意が必要です。なるべく一般的にわかるような表現を用いたうえで，どうしても専門用語を使う場合は初出のタイミングで言葉の説明を加えるように配慮します。

　このように，フランチャイズマニュアルのターゲットは一般的な業務マニュアルよりも多様な属性の読者を想定する必要があるため，できるだけ平易な文章で書くようにすることが基本です。

② 簡潔な表現で書く

　マニュアルの文章は，なるべく簡潔にまとめるようにします。結論や要点を先に書き，理由や根拠を後から述べるようにしたほうが，読者を退屈させず，内容を正確に伝えることにつながります。参考になるテクニックとしては，プレゼンテーションの技法として有名なPREP法やSDS法があります。

　PREP法は，結論（Point）－理由（Reason）－事例（Example）－結論（Point）

の順で話を構成します。SDS法は要点（Summary）−詳細（Details）−要点（Summary）という構成を使います。どちらも，結論や要点を先に述べる単刀直入型の構成です。マニュアルの文章に応用する場合は，それぞれPRE（結論−理由−事例）またはSD（要点−詳細）で十分です。

　その他，次に挙げるようなことに注意しながら書くとよいでしょう。
- １センテンスにテーマは１つにします。一度に２つ以上のテーマを詰め込むと，混同によって誤解が生じる可能性があります。
- 「それを」「ここで」といった指示語は避け，具体的な単語を使います。
- 「あまり」「少し」等の言葉は避け，具体的な数値や単語を使います。

③ 表記のルールを統一する

　マニュアルは分担して執筆されることが多いため，事前に表記のルールを統一しておく必要があります。表記のバラツキがあると読者に迷いを生じさせ，理解を妨げる原因となります。次に挙げるようなポイントは書き手によってバラツキが生じやすいので，あらかじめ用語集などを作成しておきます。

- 文体…「である調」か「ですます調」は，どちらかに統一します。
- 接続詞，前置詞，副詞など…原則として平仮名表記にします。
  （例：特に→とくに，予め→あらかじめ，出来る→できる）
- 人によって使い方が異なる言葉…可能な限り事前に洗い出しておくとともに，最終校正の段階でもチェックするようにします。
  （例：コンピュータ，コンピューター）
  （例：本マニュアル⟷このマニュアル）
  （例：取扱い，支払い，見積り⟷取扱，支払，見積）

　なお，一般的な日本語表記のルールについては，『記者ハンドブック』（共同通信社），『日本語表記ルールブック』（日本エディタースクール）などの書籍にも詳しく解説されているので参考にしてください。また，一般的に漢字とかなの割合は，漢字３に対してかな７が読みやすいといわれています。いろいろな属性の従業員が使用することを考えて，漢字の比率は３割以下に抑えることを目安にします。

2 わかりやすいデザイン

① 図表を積極的に用いる

マニュアルを構成する要素は文章だけではありません。わかりやすくデザインするということは，文章以外の要素も総動員してわかりやすいマニュアルの作成を目指すことです。

実際には，文章だけですべてを伝えることは困難です。「百聞は一見に如かず」の言葉どおり，図表を併用することで読者の理解を早めることができます。"読んで理解"する場合は主に左脳が働き，"見て理解"する場合には主に右脳が働きます。両方の刺激を用いることにより脳への定着率が高まることは，先にも述べたとおりです。

マニュアルに使用される図表には主にグラフ，表，マトリックス図，フロー図，ポンチ絵（略図），写真などがあります。それぞれ次のような特徴がありますので，必要に応じて組み合わせるとよいでしょう。

a. フロー図

作業手順，連絡フロー図など，手順を示すのに用います。

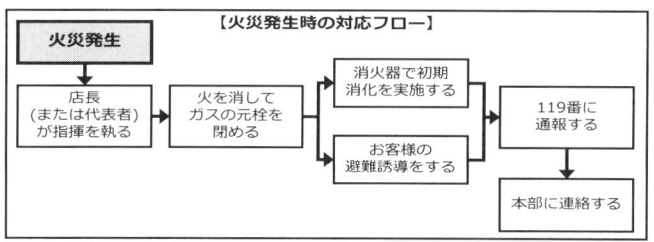

b. グラフ

データの変化を視覚的に示します。

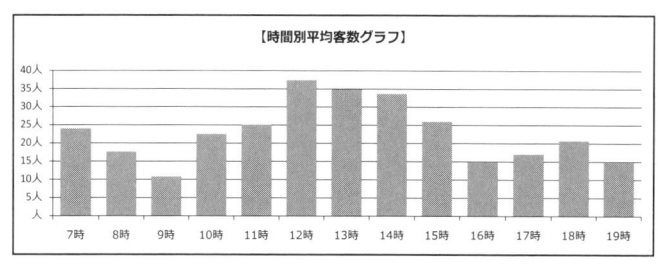

3. わかりやすいマニュアル　25

c. 表やマトリックス図

担当業務の一覧など，複数の項目を分類・整理するのに用います。

【開店準備作業分担表】

時間	販売	製造
6:00 〜 7:00		キッチン開け作業 ・フライヤー
7:00 〜 7:25	開店準備 ・レジ開け ・ドリンク準備 ・清掃 ・資材検品 ・資材格納 ・品出し 等	・給湯器 ・洗浄機 等 仕込み ・開店直後用のパン、サンドの製造 ・当日営業用のパン、サンドの準備 等
7:25 〜 7:30	朝礼 ・前日の振り返り、当日やるべきこと・注意点などの確認 ・理念唱和 ・発声練習	
オープン		

d. ポンチ絵・写真

形状の変化や見た目の状態を示す場合に用います。

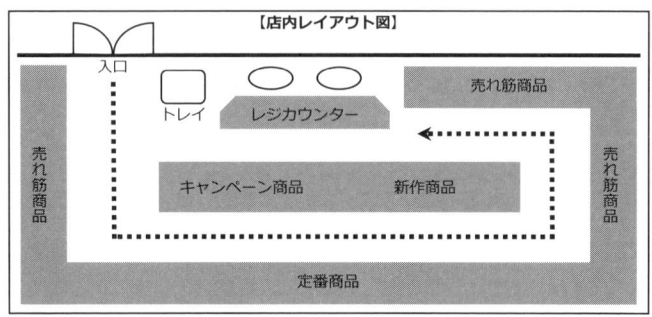

マニュアル作成にMicrosoft®WordやPowerPoint®を使用する場合には，手軽に図を作成できるスマートアート機能があるので，これを活用するのもよいでしょう。（※Microsoft，PowerPointは，米国Microsoft Corporationの，米国およびその他の国における登録商標または商標です。）

② 読みやすいレイアウトのコツ

ページのレイアウトも読みやすさを左右する要素です。読者に読むストレスを感じさせないためには，以下のポイントに注意するといいでしょう。

a. 要素を整列させる

人の視線は，見たものに規則性を見出そうとするクセがあります。ページ内の要素をなるべく整列させたほうが，視線が落ち着きます。ページを貫く見えない線を想定して，あらゆる要素を整列させるようにレイアウトすることで，すっきりとした印象を持たせることができます。

すっきりとしたレイアウトは，そうでないレイアウトより，読みやすい印象を与えます。乱雑な部屋の中から何かを探し出すのはとても大変ですが，整理整頓されているところから探すほうが，心理的抵抗が少ないことと似ています。

b. 関係のある要素を近づける

要素同士の相対的な位置も重要な要素です。関連性の強いものは近づけ，弱いものは遠ざけるのが基本です。関連性の強弱にかかわらず等間隔で配置されていると，混乱を招きます。

要素と要素の距離をコントロールすることで，関係性を整理する手助けになります。10個の要素がバラバラに存在するよりも3つのグループに分かれているほうが全体像の把握がしやすくなります。

c. 対比を強調する

見出しは本文に比べて目立たせるのが一般的ですが，思い切って対比を強くするほうが効果的です。微妙な違いは，認識されにくいばかりか，混乱を招くもとになります。変えるときは思い切り変えるほうが効果的です。

対比を演出する要素としては大きさ，色，書体など，いろいろなものが使えますが，最も基本となるのは大きさです。

本文の文字に比べて見出しがどれだけ大きいかを示す値をジャンプ率といいます。本文が10ポイントで見出しが20ポイントの場合はジャンプ率が200％となります。大見出しは200～300％，中見出しは150～200％程度が目安の数値となります。

以下に，上記のポイントの応用例を示します。上のレイアウト例はMicrosoft®Wordの標準的な書式で作成したものです。下のレイアウト例では，本文の左端を基準に要素が整列しているほか，見出しと本文の距離が調節されています。見出しの対比についてもジャンプ率以外に書体の変更が加えられて

います。このように，いくつかのポイントに注意することですっきりと読みやすいデザインにすることができます。

図表1-10　読みやすいレイアウトの例

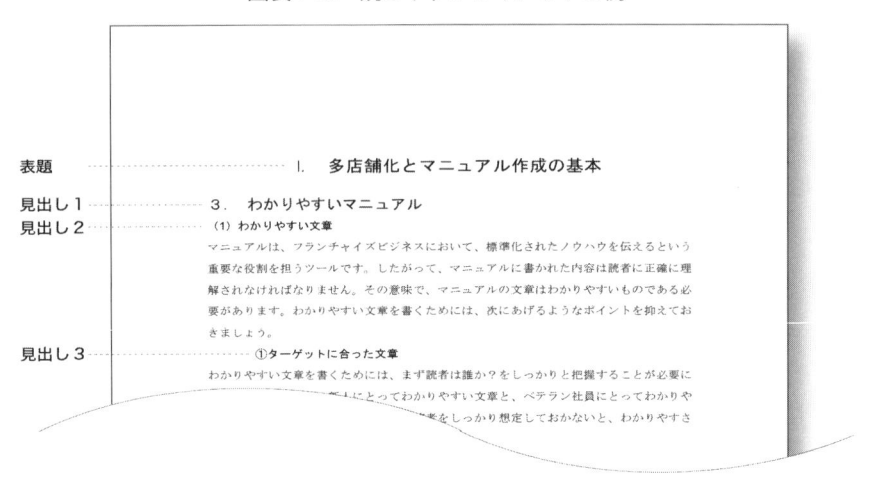

③ マニュアルデザインに使えるアプリケーション

　マニュアルデザインに使えるアプリケーションにはさまざまなものがありますが，選択にあたっては次のような点に注意します。

　a. チームでの作業に適しているか？

　マニュアル作成は複数の担当者が協働で行うことになりますので，一般的に普及しているものや，誰でも使いやすいものを使用するのがよいでしょう。また，図表作成やページレイアウト用に専用のものを使用する場合はデータの互換性があるかについても検討が必要です。複数のPCにインストールするためにライセンスを購入しなければならない場合もありますので，コスト面でも許容可能なものである必要があります。

　b. 将来も継続して使用することができるか？

　マニュアルは作成後も定期的にメンテナンスしていくことが必要です。したがって，将来にわたって修正作業を行うことが可能な環境を維持しておく必要があります。将来のサポート体制について不安があるものや，バージョンアップの頻度が少ないものなどは避けたほうが無難でしょう。

　近年ではコラボレーション機能を備えたものや，クラウド上で提供されるサービスなど選択肢も広がりつつあります。継続性やセキュリティ性なども含めて，実用面で問題がないかを慎重に検討しながら決定するようにします。

3 管理しやすい構成

　マニュアルは，一度作成して終わりというものではありません。業務内容の変化に合わせて定期的な見直しが必要です。したがって，マニュアルが完成してからのメンテナンス性も重要な要素です。マニュアルの形態を決めるにあたっては，メンテナンスのしやすさと使いやすさの両面から検討を加えていきます。

① メンテナンスのしやすい形態

　メンテナンスのしやすさを考えると，バインダー形式で，更新されたページだけ差し替えられるようなものがよいでしょう。

　更新によって，ページ数が増減する場合も考え，ページ番号は「章－節－

項―ページ数」のような付け方にしておきます。こうしておくと他の部分のページ数に影響を与えなくて済みます。

　項が終わるところで常に改ページされるようにしておき，新しい項が次頁から始まるようにしておくと，ページ数のズレが管理しやすくなります。

　印刷は片面のみにしておくほうが細かい変更に対応しやすいでしょう。簡潔さという観点からも，1つのテーマが1ページで完結するほうが適しています。

② **使いやすい形態**

　マニュアルの内容は多岐にわたりますので，無理に1冊にまとめようとせず，業務内容に応じて分冊にします。また，業務内容によっては携帯しやすいハンドブック形式のものやカード形式のものを分冊として用意することも検討します。ハンドブック形式の場合は更新のたびに差し替えます。

4 電子マニュアルや動画の活用

　近年のスマートフォンやタブレット端末の普及に合わせて，これまで紙で供給してきたマニュアルを電子化しようという動きが急速に広まっています。

　印刷のコストがかからないだけでなく，本部で元データを更新するだけで，全体に反映させるようにすることができるなど，紙のマニュアルにはない特徴があります。

　以下に，紙のマニュアルと電子化されたマニュアルの特徴を比較してみます。

① **電子マニュアルの種類**

　電子マニュアルには次のような種類があります。

　a.PDF形式

　紙のマニュアルを作った際の元データがある場合は，一般的に馴染みの深いPDF形式のファイルに書き出すことができます。基本的には紙の内容をデータに置き換えただけですが，テキスト検索機能が使えるので検索性は向上します。目次からのリンク機能を持たせることも可能です。また，PDFマニュアルを作成する際に，内容のコピーや印刷の許可/不可などのセキュリティ設定ができるので，不正コピーや改ざんを防ぐこともできます。

b.HTML形式

通常のWEBページと同じ方法で作られるため，メニューボタンやタブ，リンク機能など，紙のマニュアルにはないナビゲーション方法を取り入れることができます。これにより目的とする情報をより探しやすくすることが可能です。動画やアニメーションなど動きのある素材を埋め込むこともできるほか，関連情報を自動的に表示させるなど，設計次第でさまざまな機能を持たせられる可能性があります。更新が瞬時に反映されるメリットもあります。

c.アプリケーション形式

WEBサイトのような複雑なナビゲーションを組み込んだマニュアルをアプリケーション化して，ユーザーの手元の端末にダウンロードして閲覧します。電子書籍のフォーマットを使用する場合もこれにあたります。

② 動画の活用

言葉や文章で説明しづらい内容を伝えるのに動画は非常に有効なツールです。近年，高性能なビデオカメラの普及やコンピュータの発達で，プロでなくても動画の制作ができるようになってきました。マニュアル用の動画を制作する一般的な手順と注意点は以下のとおりです。

動画の制作は，「a.撮影→b.編集→c.書出し→d.配布・共有」の手順で行います。

a.撮影

プロのカメラマンでなくても，撮影の準備をしっかりすることで，クオリティの高い映像を撮影することが可能です。

室内の撮影では，ライトを併用することをおすすめします。何らかの理由で難しい場合は，以下の点に注意するとよいでしょう。

- なるべく明るいレンズの機種で撮る。カメラのレンズにはf○○という表示があります。この数値が小さいほどレンズが明るくなります。目安としてf1.8以下のものがよいでしょう。
- シャッタースピードや絞りを自分で決めて撮影できるマニュアル露出設定が可能であれば，絞りを開放（最も小さい値）にして撮影する方法もあります。ただし手ブレしやすくなりますので，三脚を併用することをおすすめします。

カメラがふらつくのを防ぐため，撮影時は可能であれば三脚を使用します。スペース的に難しい場合は一脚を使用することもできます。一脚は常に手で押さえておく必要がありますが，撮影場所を変更する際に素早く移動できるといった利点もあります。

常時手持ちの状態で撮影する場合は，スタビライザーを使用するとブレの少ない画像を撮影することができます。

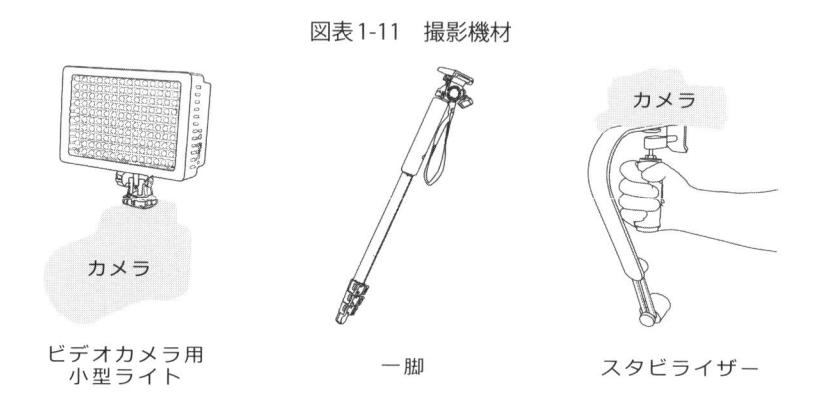

図表1-11　撮影機材

ビデオカメラ用小型ライト　　一脚　　スタビライザー

b. 編集

撮影した映像はパソコン等で編集して使用します（動画編集ソフトが必要）。尺（映像の長さ）の調節，分割や結合，キャプション（字幕の追加），音声の追加といった基本的な編集作業は自社内で行うことが可能です。

c. 書き出し

編集した動画を動画ファイルに書き出します。再生される状況——パソコンで再生するのかタブレットで見るのか，あるいは，ストリーミング再生かダウンロード再生か——に応じて画面サイズや圧縮率などを設定する必要があるので，用途に適したファイル形式と最適な設定を選びます。

d. 配布・共有

完成した動画は以下のような方法で共有・配布することができます。

- DVDなどのメディア
- YouTubeなどの動画共有サイト
- 社内イントラネット

- 電子マニュアルに埋め込む

③ 情報流出への備え

　電子マニュアルや動画はネットワーク上でやり取りされることが前提になります。そのため，情報の流出には細心の注意が必要です。マニュアルを電子化したために大事なノウハウが流出してしまっては元も子もありません。配布型の電子マニュアルであれば，パスワードを掛けることはもちろん，変更やコピーの防止などの対策を施すようにします。

　動画も安易にネットワークで公開するのは避けます。DVDでの配布に留めるか，しっかりと管理できるシステムとの併用を前提とします。

④ ストリーミング再生とダウンロード再生の違い

　ストリーミング再生は動画ファイルがサーバー上に置かれたまま手元の端末上で再生されるため，動画ファイルは移動しません。ダウンロード再生は動画ファイルを手元の端末にコピーしてから再生します。動画ファイルが端末上に残るため，ストリーミングに比べて流出の危険性が高くなります。

4. マニュアル作成準備チェックシート

計画面

計画面においては、マニュアル作成の目的やゴールをきちんと設定し、必要なマニュアルの種類や業務の洗い出しを行っておくことが必要です。

□	マニュアル作成の目的は明確になっているか？
□	目的にかなったマニュアル体系になっているか？
□	各マニュアルのターゲットは明確になっているか？
□	必要な業務のリストアップはできているか
□	各業務の標準化／システム化はできているか？
□	業務の体系化はできているか？（WBSの作成）
□	管理用に計測可能な指標は設定されているか？
□	作成スケジュールは妥当か？
□	コストの把握はできているか？
□	コストは許容範囲に収まっているか？
□	マニュアルの仕様（ハード面）は決まっているか？

体制面

マニュアル作成の成否はプロジェクト体制をうまくつくれるかに大きく左右されます。メンバーの人選だけでなく、内製か外注かの判断や、環境の整備なども重要になってきます。また、会社全体でプロジェクトをサポートする体制も必要です。

□	プロジェクト体制をつくったか？
□	社内、経営トップの理解は得られているか？
□	適切な人材がプロジェクトマネージャーに任命されているか？
□	管理マニュアルでは店長クラスを作成メンバーに加えているか？
□	運営マニュアルでは現場リーダークラスを作成メンバーに加えているか？
□	執筆ルールの共有はできているか？
□	会議の頻度、ルール、内容などは共有されているか？
□	内製か外注するかは決まっているか？

第2章 マニュアル作成の実践

◆本章の読み方

ここからはマニュアル作成の実践編として，実際に各マニュアルをどのように作成していくのか，具体的な内容について確認していきます。ここで紹介するマニュアルは「基本マニュアル」「管理マニュアル」「オペレーションマニュアル」「マーケティングマニュアル」の4つです。

左ページ

ポイント
マニュアルの記述内容を検討したり、作成・記述するときのポイントを厳選して列挙しています。
まずは、ポイントをチェックするだけでも、マニュアル作成の全体像を理解することができます。

解説
[ポイント]について、さらに詳細に解説しています。実際に作成する場合には、解説欄も熟読し、よく理解してください。

---

17 販売接客〜接客②

ポイント
①接客フローの必要性を認識する
②接客フローを構築する
③接客フローを記載する

解　説

① 接客フローの必要性を認識する
　販売員がお客様を店舗に迎え入れてから送り出すまでの基本的な接客フローを記載します。接客フローにバラツキがあり，販売員から一貫した接客サービスを受けることができないと，お客様はチェーンに対する不信感を持ちます。どの店舗に行っても同じサービスを受けられるということがお客様の安心感につながりますので，誰が接客を行っても同じになるように具体的に接客フローを記載してください。

② 接客フローを構築する
　接客フローの具体化は，業務の標準化につながります。フローを構築する際には，お客様にとって心地よい流れになるという面と，業務を効率的に行うという面の2つの面に着目する必要があります。単に丁寧に接客を行うだけではなく，それをいかに効率的に行うかも重要なポイントです。実際に，既存店舗で模範となる接客を行っている販売員数人の接客を受けて，留意点などについてヒアリングを行い，自チェーンのモデルとなるようなフローを構築してください。

③ 接客フローを記載する
　初めて店舗に入った従業員は，マニュアルの接客フローを見て接客を覚えます。接客フローが具体的であればあるほど，接客の統一感は増しますし，接客トレーニングの負担は少なくなります。作業をできるだけ細かく分解して，誰が見てもわかるように記載してください。お客様に良い印象を与える作業が入れば，他店との差別化要因になり得ます。逆に無駄な作業が入れば，全店舗の販売員の行動に無駄が生じることになりますので，記載内容については，十分に検討を重ねてください。

本章は，見開きで，直感的にわかりやすいように構成してあります。必要な箇所や，興味を持った部分をピックアップして読んでいただいて構いません。マニュアルのサンプルはベーカリーチェーンをベースにしていますが，一部にはサービス業でのサンプルも含まれています。

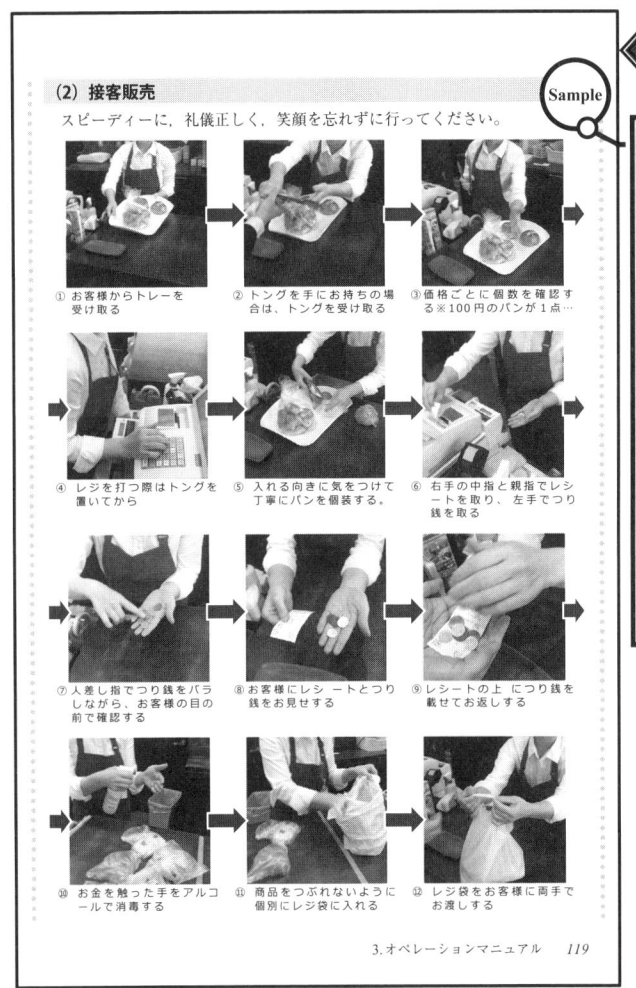

右ページ

サンプル

ベーカリーチェーンのマニュアルをサンプルとして紹介しています。ポイントや解説だけでなく、実務で利用されている具体的なマニュアルをご覧いただくことで、すぐに理解していただき、実践的なマニュアルを作成していただけるように配慮しました。

---

(2) 接客販売

スピーディーに，礼儀正しく，笑顔を忘れずに行ってください。

① お客様からトレーを受け取る
② トングを手にお持ちの場合は、トングを受け取る
③ 価格ごとに個数を確認する※100円のパンが1点…
④ レジを打つ際はトングを置いてから
⑤ 入れる向きに気をつけて丁寧にパンを個装する。
⑥ 右手の中指と親指でレシートを取り、左手でつり銭を取る
⑦ 人差し指でつり銭をバラしながら、お客様の目の前で確認する
⑧ お客様にレシートとつり銭をお見せする
⑨ レシートの上につり銭を載せてお返しする
⑩ お金を触った手をアルコールで消毒する
⑪ 商品をつぶれないように個別にレジ袋に入れる
⑫ レジ袋をお客様に両手でお渡しする

3.オペレーションマニュアル　119

◆本章の読み方　37

1. 基本マニュアル

1 基本理念（経営理念）

ポイント
① 何のために事業を行うのか，事業の目的を明確に示す
② 事業の基本的な考えを，わかりやすく親しみのある文章で示す
③ 会社のイメージアップにもつながるようにする

解　説

　経営理念とは，事業目的を達成するために意思決定をし，事業を遂行していくための基本的な考え・価値観といった経営姿勢を明確に表したものです。経営理念をつくる場合に，まずは，何のために仕事をするのかという会社の目的をわかりやすく明らかにします。理念には普遍性も求められます。

① 目的を明確に示す

　何のために事業を行うのか，目的を明確にすること，そしてビジョンを語ることが必要です。企業は継続（ゴーイングコンサーン）していかねばなりません。はじめから利益追求ではなく，お客さまの満足，地域社会へ貢献することにより，顧客から信頼されて商品を買っていただける。その結果として利益の拡大につながることになります。

② 基本的な考えを示す

　業種・業態は異なっても，基本的には「従業員の幸せや，顧客，取引先などステークホルダーに対して利益を還元し，社会のためになる事業活動を推進する」，また「新しい価値創造に挑戦し，地域社会との良い関係づくりを進める」ことが企業経営の基本となります。内容は，あまり硬く難しいものではなく，わかりやすく親しみのある文章にすることで受け入れやすくなります。

③ イメージアップにつなげる

　マニュアルを読む従業員も顧客の1人であり，会社の基本方針や姿勢について関心を持っています。そのため，経営理念は，社内だけではなく外部に向けても発信しているものであることを意識する必要があります。社会から賛同を得られる経営理念を明確にすることが会社のイメージアップにつながります。

1 基本理念（経営理念）

(1) ABCベーカリー社の基本理念

> 株式会社 ABC ベーカリーは、
> 新たな価値のフロンティアに挑戦し、
> ベーカリー事業を通して、主婦の喜び
> 「感動消費文化」を創造します

社名である「ABCベーカリー」は，まさに「お客様の笑顔のために。」「私たち社員の幸せのために。」成長しようという想いから生まれました。

とくに「私たち社員の幸せのために。」には，社員が人間的に成長し，どこに出しても恥ずかしくない「ちゃんとした」人間になること，さらには経営を担える人材となるといった想いが込められています。

そして経営理念には次のような想いが込められています。

「ベーカリー事業を通じて」…「便利」「安さ」「快適」「時短」といった主婦の喜びを提供していくこと。

「幸せな家庭づくりに貢献します」…安くていいものを提供することで，お客様に笑顔が生まれ，そして家計にお役立ちができること。

私たちの理念は，「お客様より圧倒的な支持を継続的にしていただくために成長し続ける」ことです。

この定義を実践するにはさまざまな要素からアプローチする必要がありますが，とくに大切な要素として「商品」「サービス」「価格」「企画」の4つを取り上げています。

- お客様がいつ購入されても変わらず、美味しい商品
- お客様に幸せを感じていただけるような、親近感があり、心温かな接客
- 毎日食べていただきたいから、お客様にとって抵抗がなく、買いやすい価格で最高の価値を提供する
- お客様に楽しく買い物をしていただくために、常に「新しい」を提供し続ける

2 ビジョン

ポイント
①将来のあるべき姿が具体的でわかりやすくイメージできるようにする
②ビジョンを達成するための道筋と定量的な目標を併せて描く
③従業員のモチベーションアップにつなげる

解説

　ビジョンとは，会社が目指す将来のあるべき姿，ありたい姿を表現したものをいいます。夢と希望の形を文章や図・グラフ等を使って具体的に表した目指すべき姿です。また，フランチャイズチェーンであれば，加盟者も含めたチェーン全体としてのビジョンも同時に示す必要があります。

① 将来のあるべき姿をイメージできるようにする

　たとえば「○○エリアでNo.1の○○チェーンなる」といった具体的でわかりやすいあるべき姿，目指すべき姿，を描くことが大切です。目指すところがハッキリして，あるべき姿がイメージできることが肝要です。

② ビジョン達成への道筋を描く

　中期の定量あるいは定性的な目標値を併せて明示することもあります。ビジョンを達成するための道筋として示すことが有効な手段となります。

③ モチベーションアップにつなげる

　従業員に夢を与え，仕事のやりがいを喚起するものでなければなりません。会社の未来の姿が大きく描けることで気持ちがワクワクすることが働く従業員の原動力になります。また，ビジョンは会社の利害関係者（ステークホルダー）へ発信することで，より理解を深めてもらうことができます。

　理念と一体にビジョンを明示することが大切です。当社の未来は明るい頼もしい姿になるのだという思いを従業員や加盟者が共有することにより強い組織体が生まれ，組織全体のモチベーションが高まり，ビジョンの達成のために全社・チェーン全体が一丸となって進む行動指針となります。

2 ビジョン

> ○○エリアの主婦から圧倒的に支持される
> 顧客満足度 No.1 のベーカリーチェーンになること！

(1) 5年後の目標

定性目標
- ○○エリアのNo.1ベーカリーチェーン
- 仕事を通じて人間的に成長でき，どこに出しても恥ずかしくない「ちゃんとした」人間を育てること

定量目標
- 月商600〜800万円の店舗をフランチャイズチェーンエリア内に100店舗展開する

(2) 展開エリア

○○エリアは直営，□□エリアはフランチャイズで展開

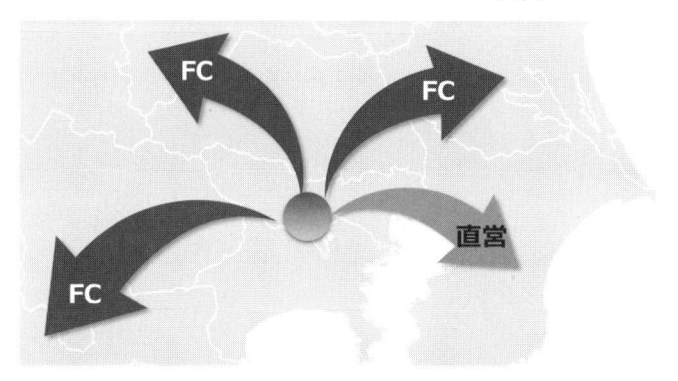

(3) 出店基準

人口5万人以上の都市

(4) アライアンス（提携）企業

隣接エリアで複数店（3店舗）以上の出店が可能な法人

3 コンプライアンス・社会的責任

ポイント
①会社経営に関わる法令を順守することを徹底させる
②会社は法令の順守と社会的責任（CSR）を負っていることを認識させる
③社内規定をつくり実行する

解　説

① 法令を順守することを徹底させる
　法令順守を徹底することで，顧客をはじめ地域社会との信頼，良い関係づくりに発展させます。業種，業態によって特有の法規がありますので，それらについても言及します。たとえば，リサイクル店は古物営業法，ゲームセンターは風俗営業法などです。

② 法令の順守と社会的責任（CSR）を負っていることを認識させる
　顧客，株主，従業員，取引先，さらには地域社会といったステークホルダー（利害関係者）の要望に対して適切な対応をしていかねばなりません。

③ 社内規定をつくり実行する
　企業統治（corporate governance）の社内規定をつくり実行し，公明正大な企業活動を行い社会の信頼に応えることが求められています。

　身近な法令等について記述しておきます。
a. 食品衛生法：食品を扱う事業は衛生管理が重要。食の安心・安全，お客様の健康を守り安心して賞味いただける商品を提供する。
b. 独占禁止法，不正競争防止法：健全で公正な競争維持を目的としている。
c. 人権尊重，差別ハラスメントの防止：相手に対する言動が本人の意図に関係なく，相手に不快感を与えたり，尊厳を傷つけたり，脅威を与えることは厳に慎まなければならない。
d. 特定取引法，消費者契約法：消費者の利益を守ることを目的としている。
e. 個人情報保護法：個人の権利，利益を保護することを目的としている。
f. 労働基準法：統一的な労働者のための保護法。8時間労働制等，最低限守られるべき条件を規定している。

③ コンプライアンス・社会的責任

　当社は，法令上の義務や社会的責務として，コンプライアンス（法令遵守）を経営の最重要課題と位置づけ，これをお客様または取引先の信頼を得るために最も重要な事項と認識し，従業員一人ひとりがコンプライアンス意識を持って業務を遂行し，地域社会に与える影響に責任を持つことを経営の基本理念としています。

　とりわけ，食べ物を扱う企業にとって最も大切なことは，「お客様の健康，命をお預かりしている」という意識です。当社で扱う原材料については，信頼できる取引先から，信頼できる原材料のみ納入を行うことを原則とし，賞味期限切れや正しく管理されていない食材等の使用は一切認められません。また，衛生管理においても正しい認識を持ち，その管理を徹底することにより，お客様に安心して食べていただける商品の提供を行います。

　その他にも，当社は，労務・環境・税務等，当社のビジネスを営むうえで関係するさまざまな法令を遵守し，社会に必要とされる店舗として地域に貢献し続けることを使命といたします。

- 食品衛生法　食の安心安全
- 個人情報保護法の遵守
- 独占禁止法　不正競争防止法の遵守
- コンプライアンス　起業憲章　行動指針
- 特定商取引法　消費者契約法の遵守
- 人権尊重　差別ハラスメントの防止
- インターネット・SNS使用の社内規定

1．基本マニュアル

4 求める人物像

ポイント
①チェーンとして求める人物像を明らかにする
②いくつかの特性や能力から3〜5個ピックアップする
③それぞれの項目の具体的な行動例などを表記する

解 説

① 求める人物像を明らかにする

　チェーンで働くスタッフに望む態度や姿勢，能力を明確にします。望まれる人物像は，経営トップの考え方やチェーンの風土にもよりますから，何が一番いいということは一概にはいえません。しかしながら，チェーンの最も大切にする価値というものはありますから，その価値を体現する人物特性を明らかにしておく必要があります。

② 特性や能力から3〜5個ピックアップする

　人物の性格や能力を表す言葉にはさまざまなものがあります。昔から日本では心技体などといいますが，心＝コミュニケーションに関わること，技＝専門知識や技術，また問題解決や実行管理といった思考に関わること，体＝態度や心構えといったことや，粘り強さや負けん気の強さなどの資質に関わること，などに分けることができるでしょう。

　このような特性や能力の中から，3〜5個程度の要素をピックアップします。望むべき人物像のイメージが厚みを持つように，できれば網羅的にいろいろな角度からの特性や能力を選んでください。

> **(特性や能力を表す言葉の例)** 粘り強さ・チャレンジ精神・負けん気・快活・誠実・正直・利他の心・創意工夫・度胸・堅実・確実・積極性・温和・気遣い

③ 具体的な行動例などを表記する

　3〜5個選んだ抽象度の高い特性を，具体的にはどういうことなのかがわかるように表現します。たとえば，「顧客第一」という特性については，「お客様にどんなオーダーを言われても決してノーと言わない」という行動で表現します。「誠実さ」であれば「人の見ていないところでも仕事の手を抜かず，一旦受けた仕事は最後までやり通す」などです。

4 求める人物像

私たちはベーカリー業界の先駆者として，
「安全で美味しい焼きたてパンを通して，日々お客様に幸せを感じていただくこと」「より多くのお客様のニーズを満たすために会社が発展し，スタッフ一人一人が幸せな人生を送るために個々が成長すること」
を使命としています。

これらの使命を達成するために，当社で働く人には，次の3つの要件を備える必要があると考えます。

> 1．人として正しい倫理観を持ち、明るく・元気よく・素直に・感謝の気持ちで人のために尽くせる優しさを持つこと
> 2．人に「喜び」を提供することが自らの「喜び」に繋がる人
> 3．常に可能性を追求し続け、自らの成長のために積極的に挑戦し続ける人

```
         正しい
         倫理観

            求める
            人物像

    喜びを           可能性
    創造             に挑戦
```

1. 基本マニュアル　45

5 ビジネスモデル

ポイント
①なんのためにビジネスモデルが必要なのかを示す
②事業の意義や熱意の感じられるオリジナルな設計図であること
③顧客ターゲットが明確で事業の収益構造がしっかりしていること
④事業の優位性，将来性，長期の見通しの視点で考えること
⑤全体の論理展開に筋が通っており終始一貫性があること

解　説

　ビジネスモデルとは，会社がどのように儲けて，どのような形に発展させていくのかを示した設計図といえます。

① なんのためにビジネスモデルが必要なのか

　事業の目的，内容，事業をとりまく環境分析，それらによって得られる収益構造や事業の理念も理解してもらい賛同者を増やし，地域での存在価値を高め，よい関係づくりを構築するために必要なものです。

② 熱意の感じられる設計図であること

　事業の意義や熱意が感じられ，どこにでもあるようなものではなくオリジナリティのある事業で魅力を感じさせることが大切です。

③ 事業の収益構造がしっかりしていること

　顧客ターゲットが明確で顧客に喜びと感動を与える，そして顧客に支えられて事業が発展していくサイクルがしっかりしており現実的な設計図であることが大切です。

④ 将来性，長期の見通しの視点で考えること

　競合店との差別化がハッキリしており，事業の優位性，将来性がビジュアルにわかりやすく表現できていることが大切です。

⑤ 全体の論理展開に一貫性があること

　事業を展開していく過程において論理的に筋が通っており，終始一貫していることが必要です。

5 ビジネスモデル

　当社の経営理念である『新たな価値のフロンティアに挑戦し，ベーカリー事業を通して，主婦の喜び感動消費文化を創造します』を事業目的，行動指針とし，ビジョン「○○地方のお客様から圧倒的に支持される顧客満足度No.1のベーカリーチェーンになること」の達成に向けて従来の組織・制度・慣習・方法にとらわれない革新的な事業展開をすることで顧客満足度を向上させます。

　結果として利益を生み出す業績のアップにつながり，併せて地域での存在価値が高まり，お客様をはじめとした地域社会での，よい関係づくりにつながる一連のサイクルが当社のビジネスモデルです。

当社のビジネスモデル

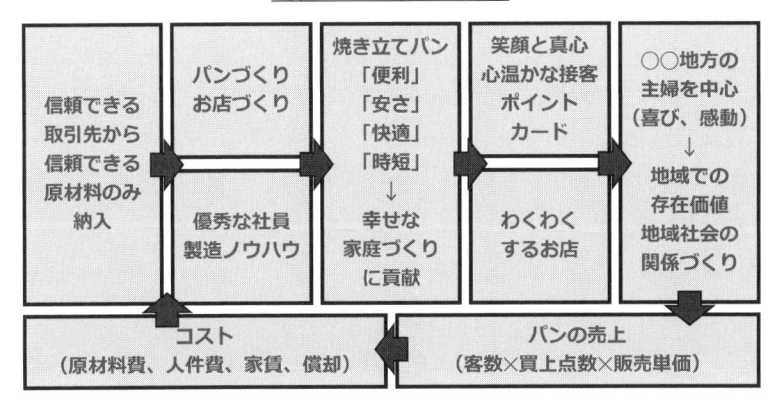

信頼できる取引先から信頼できる原材料のみ納入	パンづくりお店づくり／優秀な社員製造ノウハウ	焼き立てパン「便利」「安さ」「快適」「時短」↓幸せな家庭づくりに貢献	笑顔と真心心温かな接客ポイントカード／わくわくするお店	○○地方の主婦を中心（喜び、感動）↓地域での存在価値地域社会の関係づくり

コスト（原材料費、人件費、家賃、償却）	パンの売上（客数×買上点数×販売単価）

1.基本マニュアル　47

6 ストアコンセプト

ポイント
① （誰に）どのようなお客様をターゲットにするのかを明確に示す
② （何を）どんな商品・サービスをするのかを明確に示す
③ （どのように）どのような方法で提供するのかを明確に示す

解説

　ストアコンセプトとは，お店の主張です。誰に，何を，どのように提供するかということを概念化したものです。会社の経営理念，ビジョンを受けてストアコンセプトを明確にすることで，顧客や取引先にお店の方向性や基本的な考え，あるべき姿を伝えることができます。

① 誰に

　顧客ターゲットを明確にします。業種業態に合った主要なお客様は誰にすればよいかを考えます。提供する商品を一番利用してもらえるお客様，利用してもらいたいお客様を決めます。

② 何を

　お客様が決まれば，その顧客のニーズに対応した商品・サービスを開発します。具体的には，商品，価格，店舗を決めます。

③ どのように

　その商品・サービスをどのように提供すれば，お客様に喜んでいただけるかを考えます。オリジナリティのある自店の強みを発揮することが大切です。

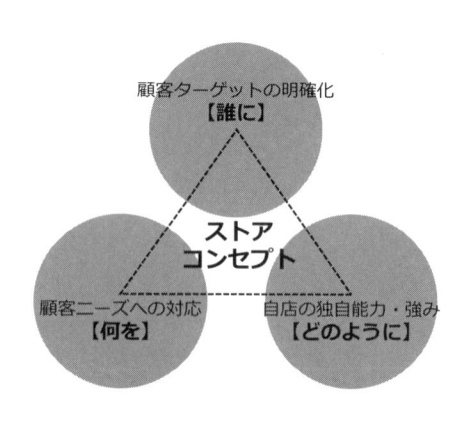

顧客ターゲットの明確化
【誰に】

ストア
コンセプト

顧客ニーズへの対応
【何を】

自店の独自能力・強み
【どのように】

6 ストアコンセプト

> **主婦の皆さんに、美味しい焼きたてのパンを**
> **笑顔と真心で喜びを提供します**

　お客様の笑顔が私たちのよろこびです。バラエティ豊かな美味しい焼き立てパンを，キビキビした行動と心温まる接客と清潔で親近感のあるお店とスタッフが共に支え合い，成長しながら，たくさんの笑顔づくりに努力します。

　当店の主要なお客様は家庭を守っている主婦の皆さんをターゲットにしています。そして，いつも変わらぬ美味しい焼き立てパンを毎日食べていただけるようお求めやすい，お手頃のお値段で最高の価値を創造し，安心して楽しく買い物をしていただくために，親しみのある笑顔と真心の接客で喜びを提供します。

　このストアコンセプトを主張することにより，お店の統一感を打ち出して，どのような商品を，どのようなサービスで提供しているのか，お客様にその特徴を明確に伝えます。

　そして，お客様に支えられる地域になくてはならない存在価値を認めていただけるお店になることを目指しています。

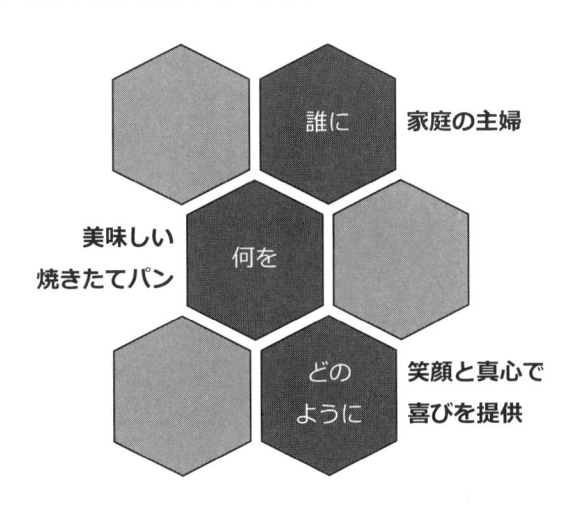

- 誰に　　家庭の主婦
- 何を　　美味しい焼きたてパン
- どのように　　笑顔と真心で喜びを提供

1.基本マニュアル

7 ブランド・標章の管理

ポイント
①商標権に関する注意点を述べる
②加盟者が商標を正しく再現できるような情報・素材を提供する
③商標使用上のルールを具体的に説明する

解　説

① 商標権に関する注意点

　多店舗展開を行う際には，使用する商標やサービスマーク等について，商標登録をしておくことが必須です。これを怠ると，他人に権利を押さえられてしまったり，商標を使うことができなくなってしまったりする恐れがあります。多店舗展開を行ったあとでそのような事態に巻き込まれてしまうと，大きな損害を被ることになりますので，必ず商標登録を行うことが重要です。

　そのうえで，商標に係る一切の権利は本部が有していること，商標の使用は契約で定められた範囲内に限られること，契約終了時には商標の使用を直ちに中止しなければならないこと，などを改めて明記します。

② 商標を再現するための情報

　商標やロゴマークを「正しく再現する」ための情報や素材を提供します。商標の正式な表記やロゴマークの形状，色の指定などについて記載するとともに，本部からデータ等を支給する場合は，その方法についても触れておくとよいでしょう。また，商標の由来や歴史についての説明があると，より深い理解につながり，加盟者や従業員のブランドロイヤルティ（ブランドに対する忠誠心，親近感）の向上にもつながります。

③ 使用上のルール

　商標やロゴマークが誤った使い方をされないように，わかりやすいガイドラインを設けます。正しい使い方を示したうえで，誤った使用の例を具体的に挙げるとわかりやすいでしょう。ガイドラインの作成は，ブランドイメージと整合性が取れているか，統一性や一貫性が保たれているか，可読性や視認性が確保できているか等について留意しながら進めます。

7 標章の管理

(1) 商標の使用にあたって
　当社の商標は契約に基づき加盟者の使用を許可するものです。商標権は本部に属します。契約書に記載以外の商標の勝手な使用は認められません。

(2) 商標の由来
　ABCベーカリーという社名は，「お客様の笑顔のために」「私たち社員の幸せのために」という想いから生まれました。

(3) 正式表記
和文：ABCベーカリー
英文：ABC Bakery

(4) ロゴマーク

(5) 指定カラー

C60 M100 Y100 K30
R70 G19 B23

C90 Y90
R60 G160 B87

C100 M50 Y100 K30
R26 G79 B50

(6) 使用例

看板　　店内への掲出　　ユニフォーム

〈間違った使用の例〉

1.基本マニュアル　　51

8 マニュアルの管理

ポイント

①マニュアルの機密性を理解させる
②マニュアル管理規定を定める

解　説

① マニュアルの機密性を理解させる

　マニュアルの管理を徹底するために，まず，マニュアルの重要性と機密性について理解してもらう必要があります。

　マニュアルには本部が構築したノウハウが詰め込まれており，ビジネスを展開するうえで極めて重要な営業秘密の塊です。マニュアルを厳重に管理すること，そして，とくにフランチャイズの場合は，マニュアルに書かれた内容を遵守することが加盟店の契約上の義務であることを明確にしておきます。また，このことは加盟者本人だけでなく，従業員（アルバイトも含む）にも徹底させなければなりません。

② 管理規定を定める

　マニュアルの管理上のポイントは「管理規定」としてまとめます。押さえておくべき内容としては次のようなものが挙げられます。

　営業秘密である以上，社外の人間に見られやすい場所に保管してはいけません。施錠できるロッカー等が望ましいでしょう。情報流出を防ぐために，第三者への開示や複写も基本的には禁止します。何かあった場合は本部の指示を仰ぐことを徹底しておきましょう。

　本部側の管理のために，どのマニュアルがどこに何冊あるのか把握しておく必要があります。加盟者の手元で破損，紛失等の事故があった場合はすみやかに本部に情報が上がってくるようにしておかなければなりません。

　マニュアルの内容を常に最新の状態に維持しておくことも現場の義務になります。差し替え等で不要になった古いものは本部に返却させるなどの管理も徹底します。フランチャイズ契約解除等でマニュアルが不要になった場合も同様です。

8 マニュアルの管理

(1) 営業秘密としてのマニュアル

　このマニュアルには，加盟店が，まずお客様に満足を提供するために，そして，確実に利益をあげ繁栄するために実行しなければならない日常経営の細かい作業基準や取り扱い方法が記載されています。

　このマニュアルに記載されている内容は，本部が開発した独自のシステムであり，すべて過去の経験と実績によって裏づけられていることから，このマニュアルどおりに実施していれば加盟店の繁栄は約束されているといっても過言ではありません。また，加盟契約書には，加盟店はこのマニュアルから逸脱した行為をしてはいけないことも義務づけられています。もし，このマニュアルから逸脱した行為をした場合には，あなたの店だけでなく他の多くの加盟店全体に迷惑をかけ，不利益を与えることになりますので，これらのことをよく認識して模範的な加盟店となられるよう心がけてください。

　本部が供給する商品は，他の競合商品と比較しても，はるかに優位性を誇っています。それだけに，このマニュアルによる厳重な品質管理，販売管理が行われることが必要です。

　たとえ，1つひとつの店舗は小さくとも，本部とすべての加盟店が同一の思想のもとで一致団結すれば，大きなパワーとなって発展するものです。いつもレベルアップとイメージアップに心がけましょう。

(2) マニュアルの管理規定

　当チェーンではマニュアル管理規定を以下のように定めています。

【マニュアル管理規定】
1. マニュアルは営業秘密です。マニュアルは施錠可能な，店内のいつでも取り出せる場所に常置しなければなりません。その場所は一定させておかなければなりません。
2. マニュアルは，大切に取り扱わなければなりません。万一、紛失・焼失・汚損した場合は、直ちに本部に報告してください。
3. マニュアルを、複写・転写してはいけません。
4. マニュアルを、加盟店以外のものに見せてはいけません。
5. マニュアルに記載されているノウハウは、加盟店の経営以外の目的で使用してはいけません。
6. マニュアルは、最新版が発行されたら、旧版は直ちに本部に返還してください。
7. マニュアルは、フランチャイズ契約を解除した場合には、直ちに本部に返還してください。
---

2. 管理マニュアル

1 管理者の役割①

ポイント
①自社で必要とされる管理者（店長）のあるべき姿を明確化する
②管理者として必要とされるリーダーシップと責任範囲について明確化する
③管理者が守るべきコンプライアンス（法令遵守）内容を記す

解　説

① 管理者（店長）のあるべき姿を明確化する

　管理マニュアルの冒頭で必ず明確にしておきたいのが，管理者（店長）のあるべき姿です。自社の店舗（施設）にとって求められる管理者像を明らかにします。その視点は，管理者（店長）として必要とされる「心構え」，「姿勢」，「思考方法（考え方）」，「行動パターン」などです。それぞれについて，具体的に箇条書きで書き出します。

② リーダーシップと責任範囲について明確化する

　次に，管理者として必要とされるリーダーシップと責任範囲について明らかにします。管理者（店長）としてのリーダーシップとは具体的にどういうことかがわかるように，自社にとっての具体的・象徴的な事例をもとに記述していくことが望まれます。また，リーダーシップを発揮する秘訣がどういうところにあるのかについて，日頃からの具体的なコミュニケーションに即して記述します。管理者（店長）の責任範囲については，管理者（店長）を取り巻く「人」に着目するとともに，店舗運営のマネジメント項目に照らして，自社で要求する責任範囲について記述していくことが必要です。

③ コンプライアンス（法令遵守）内容を記す

　まず，コンプライアンスとはどういうことかを解説します。そして，法令上の義務や社会的責務として，自社ではコンプライアンスを経営の最重要課題に位置づけていることを記述します。そしてそのことが，お客様または取引先の信頼を得るために最も重要な事項であり，管理者（店長）が従業員に率先してコンプライアンス意識を持って業務を遂行していく大切さをまとめます。

1 管理者の役割

(1) 求められる管理者（店長）の姿

- やればできるという積極的で前向きな姿勢を持っている
- 適切な指示が出せる
- 必要な時、スタッフの質問に答えられる
- 緊急事態においても的確な対処ができる
- 自分の改善点を自覚し、謙虚に、積極的に学ぶことができる

(2) 管理者（店長）としてのリーダーシップと責任

- 部下の協力を得て，お客様に満足していただく。そして，売上高を上げ，適正な利益を確保する。
- 店舗のスタッフ，部下の一人ひとりが生産性の高い仕事ができるように，モチベーションを与える。

店舗をコントロールできるか否かは，実はあなたのリーダーシップにかかっています。表現を変えれば，自分のまわりの「人」に対して，責任があるということです。

【店長が持つべき責任】
- スタッフ、部下に対する責任
- 上司に対する責任
- 会社に対する責任
- お客様に対する責任
- 取引業者に対する責任
- 地域の人々、地域社会に対する責任

2 管理者の役割②

ポイント
①本部で規定した管理者（店長）のマネジメント領域を体系的に記す
②各項目の優先（重要）順位を明記する
③詳細は各章にゆずり，ここではそれぞれのポイントを簡潔に記述する

解　説

① 管理者（店長）のマネジメント領域を体系的に記す

　店舗（施設）での管理者（店長）としての業務領域を，チャート等でビジュアルかつ体系的に示します。

　管理者（店長）としての業務領域は，一般的には「売上管理」,「利益管理」,「人事・労務管理」,「品質（商品）管理」,「衛生管理」「販売管理」,「顧客情報管理」,「施設管理」,「安全管理」,「危機管理」などです。管理者（店長）のマネジメント領域は，"人","物","金","情報"の経営資源全般に幅広く及びます。

② 各項目の優先（重要）順位を明記する

　各項目ともどれも重要であることに変わりはありませんが，業種・業態や企業規模，または企業（本部）のステージ（アーリーステージ・ミドルステージ・レイトステージ）によって優先順位が変わってくる場合があります。本部としての優先度（重要度）を見極め，その高い項目から順次表記していくことが望まれます。

③ 詳細は各章にゆずり，それぞれのポイントを簡潔に記述する

　管理マニュアルの「管理者（店長）のマネジメント項目の体系」においては，それぞれの項目の要点を簡潔に示すにとどめ，具体的内容に関しては該当する各章で詳述するスタイルで作成します。

　他の項目にも同様にいえますが，マニュアルを作成する場合，最初から細部に入り込んでしまうと，全体像が見えづらくなってしまいます。「木を見て森を見ず」にならないように，まずは概観から入り，そして細部に落とし込んでいく流れが必要です。

(3) 管理者（店長）のマネジメント項目の体系

ABCベーカリーの管理者（店長）がマネジメントすべき事項は多岐にわたります。以下が，管理者（店長）のマネジメント項目です。

店長のマネジメント

売上管理	・時間帯別売上管理 ・利益管理　・現金管理
品質管理	・製造計画　・ロス管理 ・製造管理　・原価管理
人事 労務管理	・人事（スタッフの教育、モチベーション維持） ・労務（シフト管理）
衛生管理	・食の安心安全 ・食品衛生管理
施設管理	・設備のメンテナンス　・5Ｓ ・店舗管理
安全管理	・安全な職場環境整備 ・緊急時避難
危機管理	・災害、防犯対応
販売管理	・接客：オペレーション管理 ・ＭＤ:売場づくり

3 売上・利益管理①

ポイント
① 「なぜ利益が必要か」について端的に解説する
② 売上，経費（固定費・変動費），利益の関係をわかりやすく解説する
③ ブレークダウンされた，日々の売上管理項目について解説する

解説

① 利益の必要性

　管理者（店長）のマネジメント領域として利益管理は最重要課題です。まずここでは「なぜ利益を出すことが重要であるか」について記述します。企業として利益が必要な理由は大きくは以下の2つです。

- お客様にとってよりよい『価値』を生み出すため
- 企業を永続的に存続させるため

　企業として利益がなければ，新商品やより魅力的な店舗やサービス，適正価格での提供を実現するための設備投資を安定的に行うことができません。お客様にとって価値のある商品やサービスを提供し続けるための源泉が利益です。

　また，企業を永続的に存続させるためには安定的な財務基盤が必要です。企業が法令を破ったり，安心安全を脅かす重大な問題を起こしたりすれば，企業経営はたちまち立ちゆかなくなります。このようなリスクに対して事前に準備し，より高いレベルの対策を講じ続けるための源泉として利益が必要です。

② 売上，経費（固定費・変動費），利益の関係

　売上・利益の構造を図示します。経費を，売上の増減に伴って変動する「変動費」（仕入費・食材費等）と売上の増減には関係なく一定に発生する「固定費」（人件費・家賃・減価償却費等）に分け，限界利益（売上高－変動費）を最大化することが最終利益を上げることにつながっていくことを理解させます。

③ 日々の売上管理のブレークダウン

　売上のグロスの値だけでなく，「時間帯別」，「商品別」，「担当者別」などのブレークダウンについても解説します。また，製造小売業の場合は，「製造個数の把握，指示」や「廃棄個数のコントロール」等についても記述します。

2 売上・利益管理

(1) なぜ利益が必要か

　店長の果たすべき重要な役割の1つが店の利益を確保し，伸ばすことです。会社にとって利益が重要であるということは認識していると思います。では，なぜ利益を出すことが必要なのでしょうか？

　会社が利益を必要とする理由は，「顧客への価値の提供」と「企業の永続的な存続」という2つに集約されます。

(2) 利益の構造

　営業利益とは売上高から変動費，固定費を差し引いた残りの金額を示します。

変動費とは？

　変動費とは売上高の増減に伴って増減する費用をいいます。当社でいえば，‥‥などです。

固定費とは？

　固定費とは売上高の増減に関係なく発生する費用です。固定費だから発生が固定しているというわけではなく，長期的には増減します。当社でいえば，‥‥などです。

限界利益とは？

　限界利益は売上高から変動費を差し引いた残りの金額で，粗利とも呼ばれます。限界利益は会社やその店舗が独自に生み出した価値であり，固定費や利益の財源となります。いくら売上高が高くても，限界利益をあまり得られていない状態では，その店舗は社会的な価値を生み出しているとはいえないのです。

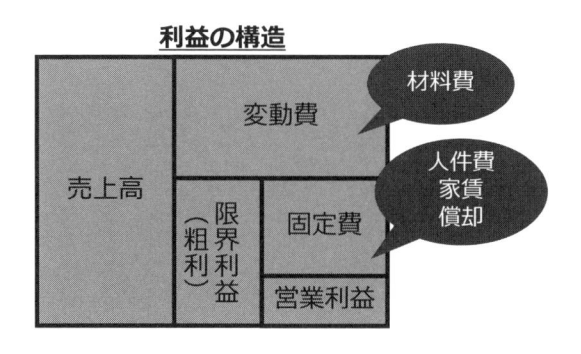

利益の構造

4 売上・利益管理②

ポイント

①売上・利益管理における管理者(店長)の責任範囲を明記する
②利益を増やすための基本的考え方を詳述する
③本部が定める目標基準を数値で明記する

解　説

① 管理者(店長)の責任範囲

売上・利益管理における管理者(店長)の責任範囲を明記します。チャートや図によって一目でわかるように示すことが重要です。

店長に期待されている責任範囲は「売上高」,コストにおける「変動費」(仕入材料費,廃棄費等),「固定費」(人件費等)についてのコントロールです。店長は売上と仕入,人件費が常に連動して動くことを十分に理解し,最適なバランスとなるようコントロールする責任があることを記述します。

② 利益を増やすための基本的考え方

利益を増やすための基本的考え方は,業種・業態にかかわらず「売上を伸ばす」,「変動費を下げる」,「固定費を下げる」の3つです。

「売上を伸ばす」をさらにブレークダウンすれば,「売上＝販売数×販売単価」という公式から,「販売数を増やす」,「販売単価を高くする」の2つに集約されます。このような形で,要因をさらにブレークダウンしていきながら,ツリーチャートで示します。

③ 目標基準値の明記

売上・利益の管理目標基準として,本部の定めるスタンダードを明記します。目標の対象となるのは,「売上に対する仕入の割合」,「売上に対する人件費の割合」,「平均客単価」などです。

飲食業の場合,「仕入」と「人件費」を合計した経費を「FLコスト」(Food/Laborコスト)と呼びます。飲食業の中でも業態によって多少異なりますが,一般的にはFLコストが60％以下になるよう店舗運営をコントロールしていくことが店長の仕事となります(仕入35％＋人件費25％など)。

(3) 売上・利益管理における店長の責任範囲

お店を運営することで利益を生み出すことは店長の使命ですが，店長に期待されている管理項目は「売上高」「材料費」「廃棄費」そして「人件費」です。店長は売上と仕入，人件費が常に連動して動くことを十分に理解し，最適なバランスとなるようコントロールする責任があります。

店長のマネジメント範囲

（売上高｜材料費／廃棄費／人件費・賃料・光熱費・諸経費・償却費・経常利益｜限界利益（粗利））
仕入＝材料費＋廃棄費

(4) 利益を増やすには

利益の構造が理解できれば，利益を増やすためには「売上を伸ばす」「変動費を下げる」「固定費を下げる」という3つの方法があることがわかります。店長の裁量でできる策は「仕入」「人件費」を適正にコントロールすることです。

仕入は売上の33％〜37％，人件費も23％〜27％で収まるようにし，合計で60％を目指します（「シフト管理」参照）。

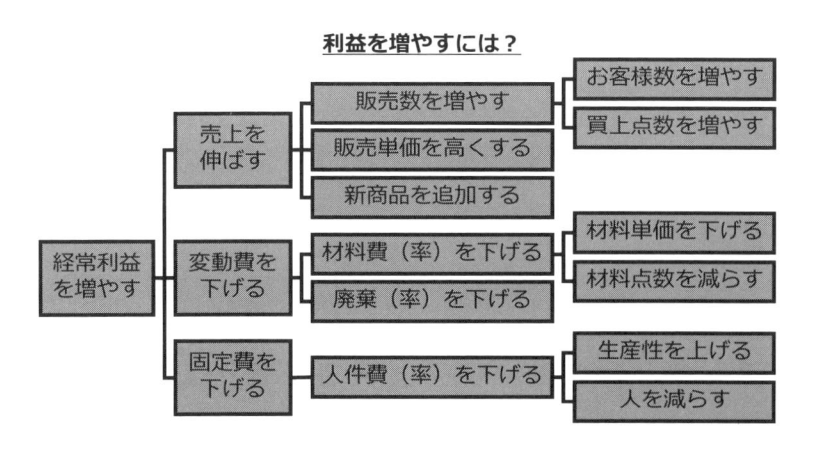

利益を増やすには？

- 経常利益を増やす
  - 売上を伸ばす
    - 販売数を増やす
      - お客様数を増やす
      - 買上点数を増やす
    - 販売単価を高くする
    - 新商品を追加する
  - 変動費を下げる
    - 材料費（率）を下げる
      - 材料単価を下げる
      - 材料点数を減らす
    - 廃棄（率）を下げる
  - 固定費を下げる
    - 人件費（率）を下げる
      - 生産性を上げる
      - 人を減らす

5 金銭管理

> **ポイント**

①金銭管理の重要性に関して的確に記述する
②日々の売上金・つり銭管理方法について，具体的に記述する
③小口現金等の管理方法について記述する

> **解　説**

① 金銭管理の重要性

金銭（現金）管理の重要性に関して，簡潔・的確に記述します。
頻繁に違算が出る店舗には共通する理由があります。
- 管理者（店長）がリーダーシップを発揮できていない
- スタッフの仕事に対する意識が低下している
- 店舗の整理整頓ができていない　など

このような状況にしないために，管理者が守るべき項目を具体的に記述することが重要です。逆に管理者が金銭（現金）管理を厳格に行う姿勢を示せば，それらはスタッフにすぐに伝わる，ということを記述します。

② 日々の売上金・つり銭管理方法

多店舗展開が進んできますと，売上金管理の方法は，店舗の立地（商業ビル（SC）内か路面店か）や設備（POSレジの有無）などによって運用方法が異なる場合が出てきます。条件によって運用が変わる部分を明確にして作成します。

つり銭管理についても同様で，商業ビル（SC）内店舗であればビル内に両替機が設置されていることがほとんどであるため，つり銭の調達は容易です。路面店の場合は，金融機関を利用することになりますので，週末のつり銭を金曜日（金曜日が祝日の場合は木曜日）に準備しておく，といった内容を記述しておく必要があります。

③ 小口現金管理

小口現金を別途用意して運用する形にするかを検討し，用意するのであればその運用ルールを記述します。用意しない場合は，事例のようにレジ内現金で対応することになりますが，売上金・つり銭以外のレジへの入出金に関して，レジの設定とともに運用ルールを定めておく必要があります。

3 金銭管理

　店舗管理にあたって，金銭管理を厳格，正確に行うことは非常に重要です。たとえ10円であっても頻繁に違算が出る店舗は，ほとんどの場合，店長がリーダーシップを発揮できていない状況や，スタッフの仕事に対する意識が低下している状況が見られるものです。店長が金銭管理を厳格に行う姿勢は，スタッフにもすぐに伝わります。お金を扱うということへの緊張感を保つことを意識し，スタッフを指導しましょう。

　とくに，レジマイナスは不正の温床となる処理であることを肝に銘じ，必ずルールに従って処理をする，判断に迷う場合には本部に確認する，ということを徹底してください。

(1) 売上金管理

　売上金管理の方法は，店舗の立地（ビル内か路面店か）や設備（POSの有無）などによって店舗ごとに細かな運用方法が異なります。

　売上金の入金は基本的に毎日行いますが，ビル内店舗であれば当日分を夜に，路面店であれば前日分を翌日に入金するという形になります。

　売上金管理の詳細については，本部の指示に従うようにしてください。

(2) つり銭管理

　店長は自店舗の繁閑を見極め，適正なつり銭の総額と内訳を調整してください。ビル内店舗であればビル内に両替機が設置されていることがほとんどですが，路面店の場合には金融機関を利用して両替を行う必要があります。

　この場合，週末には両替機が稼働していないことを踏まえ，金曜日には金曜・土曜・日曜分のつり銭の準備をしておくことになる点に留意しましょう。

(3) 小口現金

　店舗の立地や設備により店舗ごとに運用方法が異なります。

　大方針としては，小口現金は用意せず，レジ内の現金で対応するというのが当社の考え方です。自店舗の小口現金管理の詳細については，本部の指示に従うようにしてください。

6 労務管理①

ポイント

①事業者側と従業員一体でコンプライアンス（法令順守）の意識を高める
②労働基準法等により定められた法定労働時間・労使協定等を遵守する

解　説

① コンプライアンス（法令順守）意識の向上

　事業は，社会と一体であるため，店に関わるすべての人に対しての満足度を高めていくことが必要となります。つまり，店側だけでなく，従業員も含めた店に関わる者全員が意識を高めて法令遵守に取り組む必要性があります。

　事業者と労働者は対立する関係ではなく，お客様に価値あるサービスを提供することで自分自身の自己実現や生きがいを創出する共同体です。最近ではワークライフバランスという考え方に基づき，労働者個人が仕事と生活という2つの時間を有意義に過ごすための支援策なども見られるようになってきました。

② 法定労働時間・労使協定等の遵守

　店側は，従業員に対して，労働基準法等により定められた法定労働時間・労使協定等を遵守しなくてはなりません。また，休憩時間や休日等も与えなければなりません。

　アルバイトやパートタイマーの従業員にサービス残業（労働基準法で定められている時間外に）を強いることは，労働基準法違反となります。店長がこうした違反をしないためにもマニュアルに記載していくことが必要です。

　長期間労働やサービス残業など労務問題に対する世間の目が厳しい昨今，本部として労務関連法規に対するコンプライアンスの姿勢を明確に打ち出しておくことは，大変重要です。

　とくにフランチャイズの場合，加盟者が法令違反をした場合に，その原因は本部の指導不足であったととられることがないように，マニュアル上でしっかりとコンプライアンスを言明しておかなければなりません。

4 労務管理

(1) 労務管理に関する法律

労務管理に関連する法律にはいくつかあります。各法律により定められた事項を遵守しなければいけません。

労働関連法規

- 労働基準法：解雇、賃金、労働時間
- 労働安全生成法：健康診断等
- 最低賃金法：最低賃金等
- 高齢者雇用安定法：定年・雇用延長等
- 男女雇用機会均等法：妊産婦、セクハラ等
- パートタイム労働法：定時制乗務員等

労働保険法規

- 労働者災害補償保険法：保険料等
- 雇用保険法：給付、保険料、助成金等

社会保険法規

- 健康保険法：被保険者、給付、保険料等
- 介護保険法：被保険者、給付、保険料等
- 厚生年金保険：被保険者、給付、保険料等

原則

労働時間(労働基準法第32条)　①1週間：40時間　②1日：8時間 ※休憩時間を除く
休　　日(労働基準法第35条)　①原　則：毎週最低1日　②例外：4週間に最低4日

↓ もし・・・ 時間外労働・休日労働をさせる場合

36協定を締結・届け出（労働基準法第36条）

①時間外または休日の労働をさせる必要のある具体的事項
②業務の種類
③労働者の数
④1日および1日を超える一定の期間について延長することができる時間
　または労働させることができる休日
⑤協定の有効期間の定め（労働協約による場合を除く）

7 労務管理②

> **ポイント**

①自社の実情に合わせた人件費ムダチェックシートを作成する
②売上や客数の実態に合わせたモデルシフト表を作成する

> **解　説**

　店側の行う労務管理では，法令順守による労務問題のリスク回避だけではなく，費用の側面からより効率的な店舗運営をすることも必要になります。

① 人件費ムダチェックシートを作成する

　スタッフのシフト表をマニュアルとして作成するにあたって，現状のシフトが適正であるかどうか，つまり，ムダがないかを最初に確認します。「人件費のムダチェックシート」のようなものを活用して，現状のスタッフ配置が適正かどうかを把握します。「人件費のムダチェックシート」の作成にあたっては，現場スタッフの作業レベルのムダから，工程全体の手順や段取りのムダというように，局部から全体へと視点を移して項目を選定するようにします。

② 売上や客数の実態に合わせたモデルシフト表を作成する

　労務管理のマニュアル作成のポイントは，月・曜日・時間帯の売上・客数のピークタイムとオフタイムをしっかりと把握することです。こうして，把握した月や日別の時間帯の売上高や客数をもとにモデルのシフト表を作成します。売上や客数が多い時間帯は，売り逃しやお客様の満足度を高めるためにスタッフの人数を増やすことが必要であり，逆に売上・客数が少ない時間帯は，スタッフの人数を減らすなどして，売上と人件費のバランスをとることで人件費を効率化します。このようなモデルシフト表を，月・週・日ごとに作成してマニュアルに示しておくことで，店長などのシフト作成者の業務時間を大幅に少なくすることができます。「モデルシフト表」は，売上変動に合わせて随時，見直すことも必要です。

(2) 人件費のムダチェック

適正な人件費になっているか，常にチェックをしてください。

人件費のムダチェックシート
□ 店長が店の方針等を考える時間や事務作業をする時間がない
□ オープン準備が間に合わない
□ スタッフの私語が多い
□ ピークタイムにお客様からのクレームが多い
□ スタッフの遅刻・欠勤が多い
□ 閉店作業が予定時間に終了しないことが多い
□ モデルシフトを作成していない
□ アルバイト任せのシフト作成になっている
□ 暇な日でも遅くまでアルバイトスタッフが残っている
□ タイムカードの打刻ミスや修正が多い

(3) モデルシフト表

お客様の増減に合わせたワークスケジュールを当てはめることが重要です。客数は季節や曜日によって変化するので，それに合わせたシフト作成が重要です。

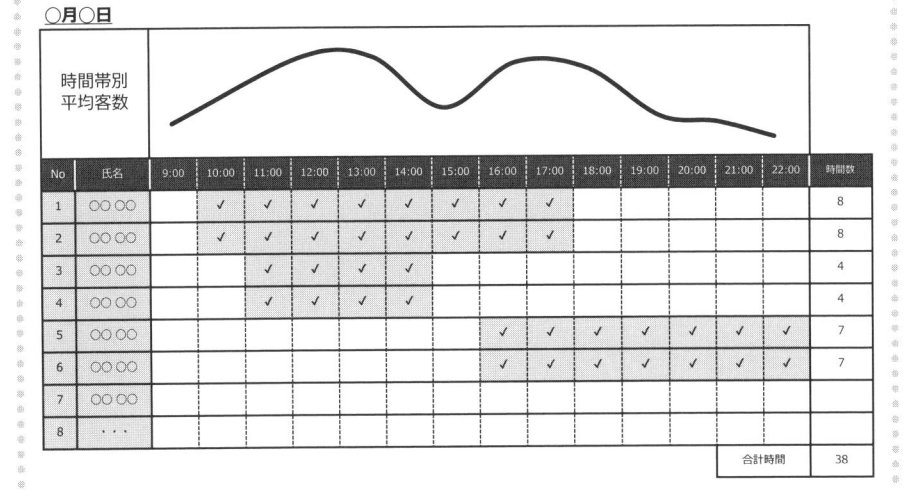

○月○日

No	氏名	9:00	10:00	11:00	12:00	13:00	14:00	15:00	16:00	17:00	18:00	19:00	20:00	21:00	22:00	時間数
1	○○ ○○		✓	✓	✓	✓	✓	✓	✓							8
2	○○ ○○		✓	✓	✓	✓	✓	✓	✓							8
3	○○ ○○			✓	✓	✓										4
4	○○ ○○			✓	✓	✓	✓									4
5	○○ ○○								✓	✓	✓	✓	✓	✓	✓	7
6	○○ ○○								✓	✓	✓	✓	✓	✓	✓	7
7	○○ ○○															
8	...															
														合計時間		38

8 人事管理

> **ポイント**
> ①求める人物像に合わせて、面接での確認事項を決定する
> ②採用時の必要書類や流れを明確にし、役割（配置）も検討する
> ③教育では、教育担当者を決定し、教育内容やスケジュールを決定しておく
> ④役割に応じてチェック表などを必要に応じて作成する

> **解　説**

① 求める人物像に合わせた面接の実施

　人事管理においては、入口である採用が重要になります。求める人物像の要素を検討し、面接時には表情や対応方法などを確認する他、必ず行う質問等をマニュアルに記述しておきます。質問に対する返答方法の判断基準も明確にしておくことが望ましいです。

② 採用時の必要書類や流れを明確化と役割（配置）の検討

　採用の際に締結する雇用契約書を用意して、採用後のトラブル回避のため、マニュアルに以下の事項を自社の状況に合わせて、マニュアルに整備します。

- どういった部門に配置され、どのような業務を担当するのか伝える
- 雇用条件（出勤曜日、時間帯など）をスタッフと確認する

③ 教育担当者と教育内容やスケジュールの決定

　マニュアルには、教育をする担当者を明確に定めておきます。とくに、以下の教育担当は誰が実施するのか明確にしておく必要があります。

- 会社の理念や人材育成の方針など会社全体のことを教育する担当者
- 配置された現場の作業を教育する担当者　など

　教育においても「求める人物像」に近づけるよう自社ならではの評価制度をマニュアルに整備しておくことが重要です。

④ 役割に応じたチェック表の作成

　教育で実施することを事前に洗い出し、チェック表などにしておくと教育担当者は、すべきことが明確になります。各部署での教育すべき事項を整理してマニュアルに記載しましょう。

5 人事管理

　当チェーンでは，下図の流れに従い人事管理を行います。
　まずは，当社の求める人物像に合わせて，面接・採用を行います。採用後には，配置を行うとともに雇用条件・業務内容を確認します。トラブルの原因になりますので，最初にしっかりと確認をしておきましょう。配置後には，担当業務に合わせて教育を行います。教育担当者を明確に決めたうえで，各マニュアルに従い教育を進めていきます。

人事管理の流れ

求める人物像
- 正しい倫理観を持ち、明るく・元気よく・素直に・感謝の気持ちで人のために尽くせる優しさを持つこと。
- 人に「喜び」を提供することが自らの「喜び」に繋がる人。
- 自らの成長のために積極的に挑戦し続ける人。

⬇

面接のチェックポイント
- 目をしっかりと合わせることができ、笑顔がよくでること。
- 質問に対して受け答えがしっかりとしていること。
- 素直さがあること。
- 成長していこうとする意欲があること　など

⬇

採用
- 雇用契約書の整備
- 面談での決定事項（役割・出勤曜日など）の最終決定
- スタッフ配置

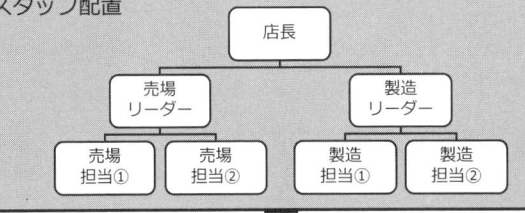

```
           店長
        ／      ＼
   売場          製造
  リーダー       リーダー
   ／＼          ／＼
 売場  売場    製造  製造
担当① 担当②  担当① 担当②
```

⬇

教育
- 教育担当者の明確化
- オリエンテーション
  （心構え、自社の理念や育成方針などの明確化）
- スタッフの教育

9 衛生管理

ポイント
①衛生管理の重要性をマニュアルに記載する
②従業員に衛生管理を徹底させる
③許認可関連証書の掲示について記載する

解 説

① 衛生管理の重要性をマニュアルに記載する

　衛生管理の行き届いたお店と，安全な商品を提供することは，飲食，小売，サービスと業態を問わず，お客様の信頼醸成，そして売上向上へつながっていきます。とくに飲食業の場合，一番のリスクは食中毒です。一度食中毒が発生してしまうと，お客様の信頼が崩れてしまいます。場合によっては，医療費の支払いや訴訟問題，ひいては営業停止処分など，その後の店舗運営に大きな支障を及ぼす恐れがあります。このような衛生管ério の重要性や順守しなかった場合のリスクをマニュアルに記載します。

② 従業員に衛生管理を徹底させる

　従業員に衛生管理を徹底させるために，「つけない」「増やさない」「やっつける」といった食中毒予防三原則や，食中毒菌全般の特徴，主な食中毒の特徴と予防方法の一覧をマニュアルに記載します。なお，食中毒防止方法に関しては，厚生労働省のホームページを参考にするとよいでしょう。

【参考】厚生労働省ホームページ　食中毒に関する記載
http://www.mhlw.go.jp/stf/seisakunitsuite/bunya/kenkou_iryou/shokuhin/syokuchu/index.html

③ 許認可関連証書の掲示について記載する

　飲食業については，食品衛生法に基づく「営業許可証」と「食品衛生責任者証」（あるいは調理師免許）の店内掲示が義務づけられています。お客様が確認できるように，たとえば，店舗の入口付近やレジスペース裏の壁面などお客様が見やすい場所に掲示してください。

6 衛生管理

(1) 食中毒予防の3原則

食中毒予防のために，次の3原則を守りましょう。

つけない	調理人の手や調理器具を介して食中毒菌の汚染を広げないようにする。
増やさない	食材や調理済み食品の温度管理を徹底し、食中毒菌を増やさないようにする。
やっつける	加熱やアルコール消毒によって、食中毒菌を殺す。

(2) 食中毒菌全般の特徴

食中毒菌はどのような環境で増殖するのでしょうか。
食中毒菌の増殖は，温度，水分，栄養に影響を受けます。

温度	食中毒菌の原因菌が繁殖しやすい温度は、20℃～50℃である。 85℃で1分以上加熱すればほどんどの菌は死滅する。
水分	洗った後の食器や調理器具は、乾燥させないで放置すると、菌の温床になってしまう可能性がある。 手を洗った後よく乾燥させないと、汚染が広がってしまう可能性がある。 ダスターなどを漂白する際は、つけたままにせず、20分ほどつけたらよく洗って乾燥させる。
栄養	厨房内に食材のカスなどが残っていると、菌の温床になるばかりか、ねずみや害虫の原因となり、外部から菌が持ち込まれる危険も増す。 人間の皮膚にも菌が存在しているので、手洗いの徹底は必須である。

2.管理マニュアル　　71

10 店舗設備管理

> **ポイント**

①店舗設備の機能，考え方を整理する
②きれいにメンテナンスしていくための点検・保守・報告ルールを定める
③点検・保守をきっちりするためにチェックリストを活用する

> **解　説**

① 店舗設備の機能，考え方を整理する

　業種業態によってより重要視される店舗機能は異なります。たとえば小売業で買回品（婦人服など）を扱う店舗であれば，買い物すること自体を楽しむという商品特性から，演出機能（マネキンなどを使った季節感のある演出）が重要となります。また飲食業でハンドメイドタイプの珈琲店であれば，誘導機能として，店構えや外装，演出機能としてのBGMなども重要となります。サービス業（マッサージ店）であれば，店頭にて一目でわかる料金体系や，現在の待ち時間の提示などの情報発信機能が重要です。これら店舗機能を自社に照らし合わせ，自社の店舗設備の機能，考え方を整理しマニュアルに記載します。

② きれいにメンテナンスしていくための点検・保守・報告ルールを定める

　店舗設備をきれいにメンテナンスしていくために，設備ごとの点検・保守項目，点検頻度，故障時の対応方法，故障時の連絡先（業者名等）を一覧にします。また故障が生じた際の社内報告ルールを定めマニュアルに記載します。

③ 点検・保守をきっちりするためにチェックリストを活用する

　各店舗機能を支える店舗設備のうち，保守・メンテナンスが必要な項目をリストアップします。各項ごとに点検内容，点検頻度（毎日，週1回，月1回），実施日，実施者等を記入しメンテナンスチェックリスト表を作成します。

　運用については，店舗のバックヤード等に貼り出し，スタッフ全員が確認できるようにするなど，店舗の機能がしっかりと維持できる態勢を構築します。

7 店舗設備管理

Sample

(1) 店舗設備の考え方

ABCベーカリーは「主婦のみなさま」に，わくわくしながらパンを選んでいただけるお店づくり，「いこい」や「癒し」のスペースを提供するお店づくりを目指しています。

- 当社のブランドイメージ大切にするためにも，定期的に清掃し綺麗に保つ
- 店内へ誘導するための情報提供をおこなう派手になりすぎずしかし目立つように
- 出入りしやすくするためにも余計なものは置かない常に清潔に保つために時間を決めて清掃を行う
- 製造現場が見えるようにしていることも演出の一つ厨房はもちろんガラス面も綺麗に保つ
- 明るい店内を演出する切れた電球がないか常にチェックしメンテナンスを行う
- 店内を回遊しやすく商品を選びやすくパンを選ぶわくわくを演出する

(2) メンテナンスチェックリスト

点検項目	点検内容	点検頻度	チェック	点検実施日	実施者サイン	備考
トイレ	ウォシュレット	毎日	✓	月　日		※チェックは随時（3時間毎）行い，必要に応じて清掃、交換、補充は行うこと
	ペーパーホルダー	毎日	✓	月　日		
	床の汚れ、剥がれ	毎日	✓	月　日		
	洗面台	毎日	✓	月　日		
	石鹸水入れ	毎日	✓	月　日		
照明	電球の交換の必要性	週1回	✓	月　日		
	蛍光灯のちらつき	週1回	✓	月　日		
･･･	･･･	･･･	･･･	･･･	･･･	･･･

11 安全管理

ポイント
①従業員の安全確保の重要性を記載する
②従業員の安全確保に向けた具体的な活動を記載する

解　説

① 従業員の安全確保の重要性を記載する

　従業員の安全を確保することは店長の重要な使命です。ひとたび労働災害が発生した場合は，従業員本人だけでなく，その家族，店舗ひいてはフランチャイズ本部にも深刻な影響を与えます。従業員の安全確保の重要性や遵守できなかった場合のリスクについてマニュアルに記載します。

② 従業員の安全確保に向けた具体的な活動を記載する

　●5S（整理・整頓・清掃・清潔・しつけ）の推進

　5Sを推進することで，重大災害を未然に防ぐと同時に従業員の安全管理意識を高める効果があります。5Sの具体的なチェックリストを掲載するなどして5Sの浸透を図ります。自社の業種特徴に合わせて，チェックリスト項目の加増を行い，整備していきます。5Sチェックシートを従業員，スタッフが確認できるところに掲示し，日頃から5Sを徹底できるように教育します。

　●ヒヤリハット活動

　1つの重大災害の背後には29の軽傷事故があり，その背景には300のヒヤリハットが存在するといわれています。この1：29：300の比率はハインリッヒの法則といわれています。重大災害を防ぐために，仕事中に生じたヒヤリとしたハッとした事例を朝礼時などに「こういうことがありました」と報告，共有し，災害が発生する前に対策を打つ活動を行います。報告方法，タイミング等をマニュアルに記載し，周知徹底を図り従業員の安全確保を図ります。

　また，マニュアルとは別に，安全管理に関する事例集などを定期的に発行し店舗での回覧を促すなどして，チェーン全体で安全管理に取り組むことも大切です。

8 安全管理

　5S（整理・整頓・清掃・清潔・しつけ）を徹底することが，従業員の労働災害を防止することにもつながっていきます。以下のチェック表に従い，定期的に店舗の5Sをチェックしてください。

店舗の５Ｓチェックリスト表
□　店舗の出入口付近や駐車場にゴミや危険物が落ちていないか
□　看板は文字欠けがあったり、曲がったりしていないか
□　出入口やフロントのガラススクリーンはきれいに磨かれているか
□　玄関マットは汚れていないか
□　従業員の靴は汚れていないか
□　床の上にレシートや紙くずが落ちていないか
□　壁面や天井が汚れていないか、クロスの剥がれ、破れはないか
□　陳列什器が壊れていたり、汚れたりしていないか
□　陳列什器やケースの上に段ボールや空箱が置かれていないか
□　照明器具の破損はないか、きちんと点灯するか、汚れていないか
□　通路に不要物が置かれていたり、島陳列が不適切になっていないか
□　ＰＯＰ広告は汚れたり、破れたりしていないか
□　商品にホコリはかかっていないか
□　作業場、厨房場はきれいに清掃されているか
□　倉庫はきちっと整理され、わかりやすく整頓されているか
□　事務所、食堂、トイレ等はきれいに清掃されているか

12 情報システム（ネットワーク）管理

ポイント
①インターネットの交流サイト（SNS）を活用し売上拡大につなげる
②SNSによるトラブルを防止する

解　説

① インターネットの交流サイト（SNS）を活用し売上拡大につなげる

　昨今，FacebookやTwitterといったインターネットの交流サイト（SNS）はコミュニケーションツールとして一般化しており，有効に活用することで低コストでの売上拡大につなげることが可能となります。それぞれのSNSの特徴を把握したうえで情報発信内容や販促策を決定します。ただし，SNSを情報発信や販売促進に活用する場合は継続することがとても重要です。活用の際は継続できる体制を整備します。

② SNSによるトラブルを防止する

　インターネットの交流サイト（SNS）に悪ふざけで投稿を行ったり，うっかり機密に関わる情報を投稿し広めてしまったりするなど，SNS利用における社員やパート・アルバイトの行為は，会社に深刻な被害を及ぼしかねません。こうしたトラブルを未然に防ぐための対策をマニュアルに記載します。

　● SNS利用ポリシーの作成

　昨今のSNSによるトラブルを受けて，SNS利用ポリシーを策定する企業があります。SNSポリシー作成のポイントは，リスク予防であり，自社の特徴を踏まえわかりやすい言葉で作成し，スタッフへの周知徹底を図ります。

　● トラブル防止に向けて，管理者（店長）が意識すべきポイント

　管理者（店長）として，トラブル防止に向けて意識すべきポイントを記載します。他にも私物（携帯）は職場に持ち込ませないといった防止策や，また雇用契約書に，万が一の時に備えて賠償責任を明記しておくといった防止策もあります。いずれにせよ自社の管理者（店長）にスタッフのトラブル防止に向けて求めることを，マニュアルに記載します。

9 情報システム（ネットワーク）管理

(1) インターネットの交流サイト（SNS）の特徴と活用例

　各店舗にて，下記表を参考に各SNSを積極的に活用し，顧客との関係性強化を図って売上アップにつなげていきましょう。
　ただし，使い方には充分注意してください（次項以降を参照）。

SNS	特徴	活用例
Twitter (ツイッター)	140文字以内という文字制限はあるが，随時お店の情報を簡潔につぶやくことが可能。	・お店のお薦めやイベント情報などの発信 ・割引クーポンなどの発信
Facebook (フェイスブック)	お店の商品やイベントの詳細を伝えることが可能。 いいね機能やコメント機能で，ユーザーと交流することが可能	・お店のお薦めやイベント情報などの情報の詳細を写真とともにアピール ・ユーザー参加型のイベント発信

(2) SNS利用ポリシー

1．勤務時間中に投稿や閲覧するのはやめましょう。
2．個人情報や機密情報を投稿してはいけません。
3．誹謗中傷、お店への批判の投稿は避けましょう。

(3) スタッフのトラブル防止ポイント

勤務中であるという意識を持たせる
　とくに開店前や閉店後のお客様がいない時間は悪ふざけなどが起こりやすい時間です。管理者（店長）はこうしたスタッフの行動に注意します。

スタッフを1人にさせない
　スタッフ1人で誰からも注意されない状況をつくらないようなシフト作成を心がけます。

トラブルを起こした時の責任を明確にする
　万が一問題が起きた場合，賠償金を請求する可能性があることを伝え，スタッフの自覚を促します。

13 顧客情報管理

ポイント

①顧客情報を収集する際は活用目的を明確にし，販促活動に役立てる
②個人情報収集の際はその目的を伝え，不要な情報は入手しない
③顧客情報流出が発生しない管理体制を構築する

解　説

① 顧客情報管理の目的の検討

　個人情報管理のポイントは，収集する目的を明確にすることが重要です。販促活動に活用する場合は，自社の実態に合わせた運用方針を決定し，販促活動などに役立てます。ただし，活用方法は，業種・業態によってさまざまです。たとえば，ポイントカードで購入金額に応じ，割引率に差をつけたり，また，個人の嗜好を収集し，その嗜好に合ったサービスを提供する等，業種・業態に応じた販促活動の目的をマニュアルに明記します。

② 個人情報収集は必要最低限

　個人情報を収集する際には，お客様に対してその目的を明確にする必要があります。ここで，あまりに利用目的が多いとお客様に対して不信感を持たれる原因ともなります。また，収集する情報が多いと流出するリスクも増加することになりますので，個人情報を収集する内容は，必要最低限とすることを明記します。また，古い情報は捨て，新しい情報を追加していく等，常に新鮮な状態を維持することも意識してください。余計なリスクはなるべく避けることも明記してください。

③ 顧客情報管理体制の構築

　収集した個人情報を管理するうえで，気をつけなければならないことは，顧客情報の流出です。昨今，さまざまな企業から顧客情報が流出し，消費者からの信頼を失う事件が多発していることから個人情報保護法も厳格になってきました。顧客情報の入ったパソコンは持ち出さない，管理できる人数を少なくするなどの対策を検討して，マニュアルに明記します。また，従業員の個人データも同様で個人情報保護法の対象となりますので，厳重な管理が必要になります。ガイドラインなどもマニュアルに記載してください。

10 顧客情報管理

(1) 販促活動への活用

顧客情報収集は目的を明確にして，販促活動に役立てます。

```
┌─────────────────────────────┐
│      顧客情報の収集          │
├─────────────────────────────┤
│ ポイントカードや特別なサービスの実施により，│
│       顧客情報を収集する     │
└─────────────────────────────┘
              ↓
┌─────────────────────────────┐
│      顧客情報の収集          │
├─────────────────────────────┤
│  顧客の中でも購買頻度や購買金額の │
│  大きい順に顧客を層別に分ける │
└─────────────────────────────┘
              ↓
┌─────────────────────────────┐
│  層別した顧客別に施策を検討する │
├─────────────────────────────┤
│  優良顧客、もっと来店してもらいたい │
│   顧客ごとに販売促進策を検討  │
└─────────────────────────────┘
              ↓
┌─────────────────────────────┐
│    販売促進策の検証と改善     │
├─────────────────────────────┤
│  販売促進策の結果を検証し改善する │
└─────────────────────────────┘
```

(2) 顧客情報管理

顧客情報管理のポイント

- 販促活動などに活用しない不必要な情報は収集しない
- 収集した顧客情報の中で，不必要な情報は，削除する
- 顧客管理情報を活用する担当者には，必要な情報のみ把握できるようにする

顧客情報漏えいの対策

- 顧客情報の入ったパソコンなどの情報端末機器は，持ち出さない
- 顧客情報データへアクセスできる人数は絞り込み，アクセスの際には複数人で行う

14 クレーム管理（FAQなども含む）

> **ポイント**
> ①クレームはスピーディーな対応と現場対応ができるよう教育する
> ②クレームが発生した際の対応の流れを明記する
> ③Q&A集を作成するなど全体の情報共有を図る

解　説

① スピーディーな現場対応を可能とする教育

　クレームは，迅速な対応が重要です。また，顧客の不平・不満に関して，まずは，傾聴する，共感することで，顧客が真に伝えたいことを理解する必要があります。また，クレームが発生した場合は，すぐに対応を確認できるようマニュアルに対応策を記述しておくこと，また，新規採用時には，そのマニュアルを用いながら教育を行うことが必要です。

② クレーム対応の流れの明記

　クレーム発生時は，まず，その場で1次対応を行います。それでも納得が得られない場合，社長や現場責任者などへすばやく連絡をとることで，対応策について打ち合わせを行います。こうしたクレーム発生時の1次対応から連絡，改善までの流れをマニュアルに明記しておきます。

③ Q&A集

　クレーム対応を理解するためには，想定されるであろう（もしくは，実際にあった話）質問を列挙し，マニュアルのQ&A集を作成して，保存・共有を図ることが重要になります。

　その際には，商品に起因するクレームか，接客対応が原因となったのか等，カテゴリーごとに整理することで，実際にクレームが発生した際に対応策を確認することができ，迅速な対応が可能となります。

　また，Q&A集は，1回作ったら終わりでなく，次々に発生する新しいクレーム情報等を追加していくこと，不要になった情報は削除するなど，常に情報を新鮮に保つため更新することも意識してください。

11 クレーム管理

(1) クレーム処理の流れ

クレーム発生	お客様とのギャップを認識する お客様の立場に立つ
初期対応	まずは、謝る・共感する（心理的補充）
関係性構築	不満の内容を聴く・承認する（心理的補充）
焦点化	事実確認・問題の整理・何が不満なのが整理する
原因究明	問題の原因を特定する 解決の方向性を探る
お店からのご提案	問題解決の具体案を提示する できれば複数案提示し選択してもらう
報告・連絡	店長ならびに本部への報告
クレームからの教訓	改善すべきこと、改善策の共有 マニュアル等への反映
お客様へのフォロー	クレーム後のフォローは重要 クレーム対応の良さからファンになることもある

(2) クレーム FAQ

クレームタイプ	申し出内容（例）	対応方法（例）
商品内容	商品に異物が混入しているとクレームを受けた。	まずは、謝罪をし、「すぐに新しい物をお持ちします」と伝え、商品を交換する。
商品内容	食中毒になったと通報があった。	（初期対応）お客様の症状、発症日時、来店日時、食べた商品名を尋ね、連絡先、住所を聞いたうえで、一番近い病院に連絡をとる。
会計	金額が間違っていると指摘を受けた。	まずは、謝罪をし、レジのジャーナルを確認する。間違っていた場合は、すぐに打ち直す。そうでない場合は、「お客様と一緒にジャーナルとレシートを突き合わすなど、確認をする。
その他	お客様が店内でけがをされた。	（初期対応）すぐにけがをされたお客様のところへ行き、けがの度合いを確認、適切な応急処置を行う。

2.管理マニュアル

15 危機管理

ポイント
①地震や火災などに対応する防災マニュアルを策定する
②窃盗や暴力行為などに対する防犯マニュアルを策定する

解 説

① 防災マニュアル

　災害は，予期せず発生します。地震や火災などの際の対応フローを決定しておき，防災訓練だけでなく，教育の中に採り入れておく必要があります。

　また，いつやってくるのかわからない災害に対し，最小の被害で済むように，災害時の連絡体制や備品を装備していなければなりません。緊急連絡先の整備や消火器・懐中電灯・救急箱などの置き場所を周知徹底しておく必要があります。このように連絡体制や備品の置き場所および内容をマニュアルに記載します。

- 緊急時連絡先一覧表は店長室（電話近く）などにに掲示されているか
- 消火器の置き場所と使用法は理解され，スタッフは使うことができるか
- 懐中電灯は，決められた置き場所にあるか
- 救急箱の中身は充分か
- 地震時における緊急避難所と非難経路は確認されているか

② 防犯マニュアル

　防犯に関しては，明るい店づくり（声掛け，笑顔，など）と大金を店に置いておかない等，地道な取組みが重要になってきます。こうした取組みがスキのない店づくりをすることになります。この点をしっかりとマニュアルに記述しておきます。

12 危機管理

(1) 台風発生時の対応フロー

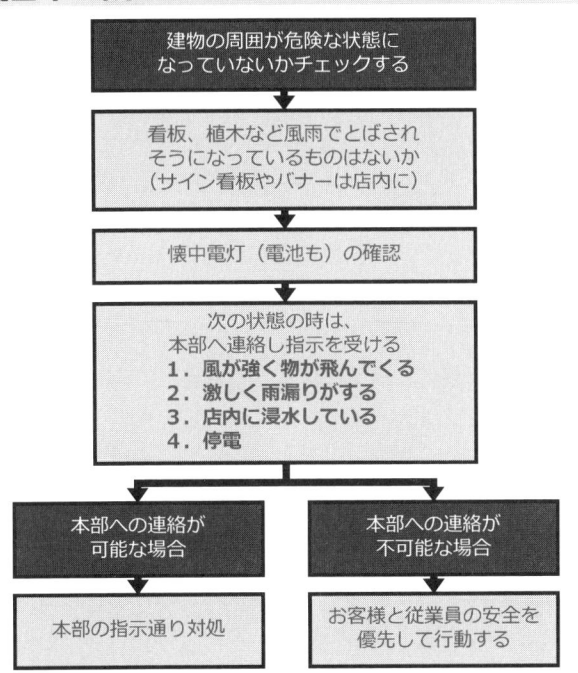

```
建物の周囲が危険な状態に
なっていないかチェックする
        ↓
看板、植木など風雨でとばされ
そうになっているものはないか
（サイン看板やバナーは店内に）
        ↓
懐中電灯（電池も）の確認
        ↓
次の状態の時は、
本部へ連絡し指示を受ける
1．風が強く物が飛んでくる
2．激しく雨漏りがする
3．店内に浸水している
4．停電
   ↙        ↘
本部への連絡が    本部への連絡が
可能な場合       不可能な場合
   ↓            ↓
本部の指示通り対処  お客様と従業員の安全を
              優先して行動する
```

(2) 緊急事態発生時の連絡先

いつでも，誰でも見られる場所に，緊急時の連絡先一覧を掲示しておきます。一覧は，常に最新のものに整備しておいてください。

緊急時　連絡先一覧表

店名：	店コード：	☎
店長：	店舗住所　〒	

連絡先	名称	電話	住所
労災指定病院		☎	〒
保健所		☎	〒
本部		☎	〒
店長		☎	〒

16 本部報告（帳票類）

ポイント
①現状のすべての本部報告を列挙する
②それぞれの報告の趣旨，目的を明確にする
③店長，リーダー，スタッフごとに，報告すべきものを明確にする

解　説

① すべての本部報告を列挙

　ここでまず重要になるのは，現状について，チェーンで公式に認められている，認められていないにかかわらず，現在実際に行っている報告をすべて列挙することです。これまで業務の"公式"として扱ってきた売上報告書やクレーム報告書といったもの以外に，業務運営するうえで日常的に行っている重要度の高い報告があるケースもあります。まずは実態に即して列挙することに専念しましょう。これまでのマニュアルやルールにない報告類や報告方法を認めるかどうかは次のステップです。

② 報告の趣旨，目的を明確化

　次に，列挙された報告類について，それぞれの趣旨や目的を明確にしていきましょう。これまでの習慣や過去の経緯で定期的に報告しているものの，実際には本部であまり利用されていないケースもあります。また，報告書の各項目についても余分な付加情報なのに作成に手間がかかっているものもあります。趣旨や目的に立ち返ってゼロベースで整理する姿勢が大切です。さらに，趣旨や目的を明確にしておくと，モバイルなど新たな手段を利用しようとする際にも，柔軟な判断がしやすくなります。

③ 報告すべきものを明確化

　そして，リストアップされた報告書の報告主体について，店長や各リーダー，各スタッフに，分類していきましょう。とくに店長以外に報告を任せる場合には，スタッフの役割を明確にしておくことが大切です。「各業務をマニュアルどおりに着実に実施し，その結果を報告する」ことまでがスタッフの役割である，と意識づけるようにマニュアルに盛り込むことが重要なのです。

13 本部報告（帳票類）

本部報告用の帳票です。決められたタイミングで，所定の帳票を使い，本部への報告を行ってください。

定時報告書（日報）

【利用目的】
日々の運営状況を定量的、定性的に報告する。
店長が日々の運営を振り返り、改善点を考える。
本部として、店舗の運営状況を把握し、必要な対策の準備をしておく。

【報告のタイミング】
毎日、店舗の閉店後

【報告報告先】
担当 SV

【関連マニュアル】
管理マニュアル（売上・利益管理、金銭管理、労務管理）

クレーム報告書

【利用目的】
お客様からのクレーム内容、対応内容などを報告する。
クレーム対応 FAQ を作成し、以降の運営に役立てる（クレームの再発防止）。

【報告のタイミング】
クレーム発生時（＋対応後）

【報告報告先】
担当 SV
お客さま相談室

【関連マニュアル】
管理マニュアル（クレーム管理）

3. オペレーションマニュアル

1 オペレーションの基本①

ポイント
①当チェーン全体で共通するコンセプトを示す
②日常的に同じ言葉を,実感を持って発することのできる表現にする
③標準化された作業の目的,理念として示す

解 説

① チェーン全体のコンセプトを示す

「オペレーションの基本」では,これ以降のマニュアルで記述される各オペレーションを行ううえでの出発点を示します。こうしたコンセプトが,もし漠然としていたり,古くなっていて現状と合わなかったりする場合には,マニュアル作成を機にまとめていきます。

② コンセプトは日常的に実感を持てる表現にする

コンセプトといっても抽象的で高邁な理想を掲げる必要はありません。むしろ従業員が日常的に実感を持って発することができるフレーズが望ましいのです。創業者,経営者やコアメンバーが日頃的に口にするようなフレーズが有力な候補となってきます。主体的で前向きな表現にします。

③ 作業の目的,理念として示す

このコンセプトやフレーズが,後述する標準化された作業や手順といった各オペレーションの出発点となります。「こういうコンセプトがあるから,スタッフ全員で品質の高くムラのない商品やサービスを提供する必要がある」という,各オペレーションの根本原理となるように,まとめていきます。

1 オペレーションの基本

(1) 当社/当チェーンのコンセプトとその要素

> ABCベーカリーは
> 100円100種類のパンを焼きたてで提供し、
> 毎日いつでも気兼ねなく
> 買ったり、食べたり、しゃべったり、
> お客様の新しい発見をとことん追求する
> 便利なわくわくカフェ&ベーカリーです

このコンセプトを実践するにはさまざまな要素からアプローチをする必要がありますが，とくに大切な要素として以下の5つを取り上げています。

商品
お客様がいつ購入されても変わらず，美味しい商品

サービス
お客様に幸せを感じていただけるような，親近感があり心温かな接客

価格
毎日食べていただきたいから，お客様にとって抵抗がなく，買いやすい価格で最高の価値を提供する

企画
お客様に楽しく買い物をしていただくために，常に「新しい」を提供し続ける

ブランド
お客様に安心して購入していただくために常に高めていくもの

事業全体の方針から，店舗における1つひとつの接客サービスに至るまで，すべてはこの考え方を基本に置いています。

2 オペレーションの基本②

ポイント

①店舗のコンセプトを，"お客様へのお約束"として表明する
②お客様に訴求できるポイントやお客様の声を反映する
③全体像を示し，各メニューの"こだわり"やセールスポイントを示す

解　説

① 店舗のコンセプトは"お客様へのお約束"

　店舗は日常的にお客様と相対する場になりますので，店舗に掲示するものを作る感覚でまとめていきます。この部分を実際に「お客様へのお約束」として抜き出して店舗に掲示できるようになれば，マニュアルが各スタッフにとって非常に身近なものとなりますので，マニュアルとして成功しているともいえます。

② お客様に訴求できるポイントやお客様の声を反映する

　お客様が当店舗で何を一番求めているのか，顧客の真のニーズに真正面から応える姿勢が重要です。どのような「商品」を，どれくらいの「価格」で，どのようなこだわりを持った「サービス」で提供するのか，ということを約束します。とくに飲食業や食品販売業であれば何よりも食の「安全」はお客様が重視するポイントです。当たり前と思わず，愚直に表明していく姿勢がお客様の信頼の獲得につながります。またサービス業であれば，お客様に直接サービスを提供するコンタクトパーソネル（CP）の接客コンセプトとなります。どのようなサービスをどのレベルまで提供するのかを表明していきます。

③ 商品やサービスの全体像を示し，"こだわり"やセールスポイントを示す

　オペレーションの基本の最後として，お客様に提供する商品やサービスを分類して示し，全体像を示します。詳細は続くオペレーションマニュアルに説明されていきますので，ここでは全体像を示します。特徴や分類を示せばよく，長々と説明する必要はありません。また，代表的な商品，サービスがあれば，明記しておきます。

(2) 商品（メニュー，サービス）の特徴

ABCベーカリーでは，お客様に楽しく買い物をしていただくために，常に「新しい」を提供し続けていくことを心がけています。そのため，日々お客様に笑顔になっていただける美味しくて楽しいパンを日々研究しており，新作パンも続々登場しています。その結果，ABCベーカリーで取り扱っているパンのメニューは，なんと150種類以上もあるのです！

パンメニュー概要

ABCベーカリーで取り扱っているパンのメニューの概要です。概ね6つに分類されます。

食卓パン	
シンプルだけれど味わい深い食卓パン。食パン、ベーグル、クロワッサンなど。	
調理パン	
栄養バランスも考慮した、味わい豊かな調理パン。ハンバーガー、サンドイッチなど。	
菓子パン	
バラエティ豊かな、甘くておいしい菓子パン。メロンパン、デニッシュなど	
ドーナツ	
オーソドックスなものからユニークなものまで豊富に取り揃えたオリジナルドーナツ。	
その他	
ロースカツサンドやフライドチキンなど、変わり種メニュー。	
アレルギー対応品	
タマゴや牛乳を使用していない、アレルギーに対応した商品。	

3 1日の流れ①

> **ポイント**
> ①オペレーション解説に入る前に，1日の流れを紹介する
> ②1日の流れは役割ごとに分けて記載する
> ③はじめに全体像を示すことで，大まかな流れをつかむ

> **解説**

① オペレーション解説の前に，1日の流れを整理する

　オペレーションを理解するためには，はじめに1日がどのように流れていくのかを理解しておくことが大切です。読み手の理解が進みますので，詳細の解説に入る前に，必ず1日の大まかな流れを整理しておきましょう。「何時頃に」「どのような業務が発生するのか」などを，読み手が一目で把握できるように表現します。

② 役割を分解し，役割ごとに1日の流れを整理する

　1日の流れと一言でいっても，お店にはさまざまな役割が存在するはずです。役割が異なるものを1つにまとめることは難しいため，1日の流れを整理する際は，はじめに役割を分解し，役割ごとに分けて記述することが大切です。併せて，役割の内容についても簡単に触れておくとよいでしょう。読み手に自身の役割を再認識してもらうことで，理解度が高まることが期待できます。

③ 1日の大きな流れを捉えることを重視する

　1日の流れを記載していくにあたっては，はじめに大まかな全体像を示し，それ以降で詳細を解説していきます。大枠の解説をしたのち，細部の解説に入ることが，わかりやすいマニュアル作成のポイントです。全体像を示す段階では，1日の流れをイメージできればよいので，細かい点にこだわらなくても大丈夫です。各時間帯の代表的な事項を簡潔に記載していきます。全体像を示す際には，サンプルのように表形式に落とし込む方法がおすすめです。1日の流れをひと目で把握できるようになります。

2 1日の流れ

当チェーンで働くスタッフは，大まかには「販売スタッフ」「製造スタッフ」の2つの役割に分類できます。

(1) 販売スタッフ

お客様に笑顔で優しく接し，快適にお買い物をしていただけるよう努めます。スタッフの対応次第でお店のイメージが決まる重要な役割です。

(2) 製造スタッフ

お客様に選ぶ楽しみや驚きの美味しさが伝わるよう，最高のパンやサンドイッチをつくります。パンを通じてお客様へ幸せを提供する当チェーンの核となる役割です。

時間	販売	製造
6:00〜7:00		<キッチン開け作業> ・フライヤー ・給湯器 ・洗浄機 等 <仕込み> ・開店直後用のパン、サンドの製造 ・当日営業用のパン、サンドの準備 等
7:00〜7:25	開店準備 ・レジ開け ・ドリンク準備 ・清掃 ・資材検品 ・資材格納 ・品出し 等	
7:25〜7:30	朝礼 ・前日の振り返り、当日やるべきこと・注意点などの確認 ・理念唱和 ・発声練習	
オープン		
7:30〜17:00	・お客様対応 ・空き時間を利用して、品出し、キッチンの補助、清掃 ・売上チェック（1時間毎） ・パン残数チェック（随時） ・レジ中締め（12時、15時）	・当日使用するパン、サンドの追加生産 ・翌日分の仕込み ・発注（時間は発注先業者により異なります）
17:00〜18:00	閉店準備 ・閉店後の作業をスムーズに進めるため、事前に実施できる締め作業を開始します。	
クローズ		
18:00〜19:00	閉店作業 ・レジ締め ・ドリンク締め ・清掃 ・残ったパンの仕分け 等	閉店作業 ・キッチン内の清掃、片付け

4　1日の流れ②

ポイント
① 1日を一定の時間軸で区切り，業務の流れに沿って記載する
②「実施タイミング」「業務内容」「実行方法」の切り口で整理する
③ 必要に応じてイメージ画像や注意書きを示す

解　説
　1日の流れを大まかに示した後は，新人スタッフでも1日がどのように流れていくのかを明確に理解できるよう，開店前から開店後にかけての詳細を記載していきます。

① 1日を分割し，業務の流れに沿って記載する
　1日の流れを細かく整理する際には，サンプルのように，「出社時」「入店時」「退勤時」などのように，1日を一定の時間軸で区切って，その中で業務の流れに沿って記載していきます。

②「実施タイミング」「業務内容」「実行方法」の3つを記載する
　記載内容としては，「実施するタイミング」「業務の内容」「実行方法」の3点を意識して整理することがポイントです。こうすることで，どのタイミングで，どのような作業を，どのような方法でやらなければならないのか，ということが1日の流れに沿って理解できる，わかりやすいマニュアルとなります。

③ 必要に応じてイメージ画像や注意書きを記載する
　必要に応じて写真を添付し，視覚的にイメージできるようにしておくとよいでしょう。たとえば，サンプルではタイムカードの打刻について写真を添付しています。これは，タイムカードの打刻といわれてもイメージがわかない新人スタッフもいるであろうことを想定しているからです。このように，新人スタッフでもマニュアルを見るだけで1日の流れが具体的にイメージできることが理想です。また，重要事項には注意書きを記載しておきましょう。1日の流れと合わせて注意点も伝えておくことで，実効性が向上することが期待できます。

(3) 準備6:30～7:30

入店前準備を行います。

①出社後	
1. 着替えをします。 2. タイムカードを打刻します。	
3. 前日と昨年の日報に目を通し確認のサインをします。 ※昨年のデータを営業に活かします。 ※日報は前年3ヵ月分を1つのファイルに綴じてください。	
4. 身だしなみをチェックします。 ※チェックリストをもとに、他のスタッフに確認してもらいます。 ※異物混入防止のため、コロコロを使用します。	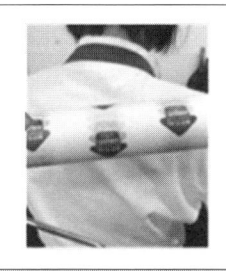

②入店後	
1. 指定場所で接客用語を発声練習します。 2. 酸性水で手洗いをします。 3. 全員と挨拶、握手を行います。 ※目を見て行いましょう。	

5 製造作業〜衛生管理・品質管理①

> **ポイント**
> ①手洗いの方法は1ページ程度を用いて詳細に解説する
> ②飲食店のように食材を加工する場合は，食中毒予防策もまとめておく

> **解　説**

　飲食・小売・サービス業に限らず，すべての業種において，製造作業における衛生管理は重要です。「できていることが前提」という認識でマニュアル化していきます。

① 手洗いの方法は詳細に解説する

　手洗いは衛生管理の基本中の基本です。どんなに他の衛生管理をしっかりと実施していたとしても，手洗いに不備がある状態では，手についた細菌が清潔な食材や器具に付着してしまい，衛生管理の意味をなしません。手洗いの重要性を伝えるためにも，1ページ程度を使用して詳細に解説しましょう。「タイミング」「手順」「ポイント」の3つの切り口で整理し，図や写真などを示して，どこの部分に注意すべきかなどを可視化することで，実効性向上が期待できます。手洗いの資料は，さまざま公表されていますので，これらの資料を参考に，自社独自の内容を落とし込んでいくとよいでしょう。

② 飲食業の場合，食中毒予防対策もまとめておく

　食材を取り扱うお店の場合，最も恐ろしいのは食中毒の発生です。これらを防止するためには，製造作業における衛生管理体制をいかにきっちりと実施するかがポイントとなります。ですから，食材を取り扱う場合は，食中毒予防についての項目を必ずまとめておきます。食中毒を防止するためには，「つけない」「増やさない」「やっつける」の3つの切り口から対策を講じることが有効といわれています。マニュアル作成にあたっては，これらの切り口で整理していくとよいでしょう。とくに重要な項目としては，消毒・殺菌方法が挙げられます。製造作業のどのタイミングで消毒殺菌をするのか，どのような方法・薬剤を使用するのか，どのような点に留意が必要なのか，などといった観点から整理をしていきます。

3 製造作業〜衛生管理・品質管理

(1) 手指の消毒

　スタッフの手指からの汚染は，食中毒の主要原因の1つです。手洗いは，正しいタイミングに，正しい手順で行いましょう。

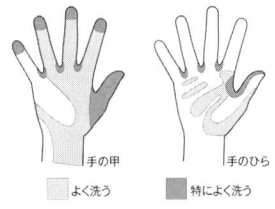

手の甲　　手のひら
■ よく洗う　■ 特によく洗う

手洗いのタイミング	手洗いのポイント
● 作業に入るとき	● 指の股までしっかり洗う
● トイレおよび休憩後	● 爪の間の汚れを取る
● 汚れたものに触れた時	● 親指の付け根まで洗う
● 作業が変わる時	● 手首まで洗う
● 毛髪や顔に触れた時	● 掌をしっかり開いて洗う

(2) 食中毒防止の原則

温度と時間

　食中毒の約90％はバクテリアが原因で発生しています。バクテリアが増殖するためには，栄養分と水分以外に，温度と時間が重要な要素となります。ほとんどの食中毒菌は4.4℃〜60℃の温度帯で急速に増殖します。分裂に要する時間はバクテリアの種類によって異なりますが，早いものでは7分間に1回，一般的には1時間に数回分裂が繰り返され，数時間後には莫大なバクテリアのコロニー（集落）になってしまいます。

　そのため，温度管理を徹底することは食中毒を予防する基本です。

温度管理のポイント

- 4℃〜60℃に食材を放置しない
- 食材を取り扱う前に，冷蔵庫・冷凍庫の温度を確認する
- 冷蔵庫，冷凍庫の温度表示を過信しない。異常を感じたらすぐに機械の点検を行う

6 製造作業〜衛生管理・品質管理②

ポイント
① 食品を取り扱う場合，消費期限の管理方法は最重要項目
② 商品ごとの品質管理における留意点は個別に記載
③ 飲食業など再現性が重要な業種では，事例写真を添付すると効果的

解　説

① 食品を取り扱う場合は消費期限管理方法を示す

　食品を取り扱う業種の場合，消費期限をいかに管理していくのか，という点は運営上の最重要課題です。近年では食の安全・安心を脅かす事件，事故が多発しており，消費者の衛生管理に対する視線は厳しさを増しています。消費期限の管理方法は，詳細，かつ具体的に示しましょう。消費期限の考え方，期限切れの見分け方，消費期限を確認するタイミング，などの切り口で整理をしていくことで，読み手にとって理解しやすいマニュアルになります。サンプルでは，消費期限の考え方と具体的な管理方法を分けて記載し，読み手にわかりやすいよう工夫をしています。なお，消費期限については，基本は上限を示し，素材や商品の状態を判断して，この上限よりも短くする方向で判断するようにしておくとよいでしょう。

② 商品ごとの品質管理上の留意点は，個別に整理してまとめる

　業種によっては，商品ごとに消費や食材ごとに個別の品質管理上の注意ポイントがある場合があります。そのポイントは個別に記載しておきます。たとえば，サンプルでは，野菜の管理方法について個別の記載をしています。これは，野菜の消費期限を一律で設定することは難しく，どうしても現場判断が必要であることから，決められた期限だけで判断せず，自分の目で判断したうえで，少しでも傷んでいるものは使用しないよう，個別の記載を入れているのです。

③ 再現性が重要な業種では，積極的に画像を活用する

　飲食業のように，商品の再現性が重要な業種の場合，そのポイントを文章で伝えることは至難の業です。そのような場合は，事例写真を添付することが効果的です。良い事例と悪い事例を比較して，具体的にどのような点に留意する必要があるのかを記載していくとよいでしょう。

(3) 品質管理
期限
食品を扱う以上，消費期限の管理は必須です。当社では以下のルールに従い，期限管理を行います。

■基本的な消費期限

DAY2：製造日の翌々営業日の営業終了後まで

DAY1：製造日の翌営業日の営業終了後まで

当日：製造日の営業終了後まで

食材	期限
菓子パン	ＤＡＹ２
惣菜	ＤＡＹ１
サンドイッチ	当日
生クリームを使用した加工商品	当日

■パンの管理方法

DAY1，DAY2が期限となるパンの期限管理は，包装袋につけるモールの色で管理します。モールの色が何色かによって，いつ製造されたものかを判別します。

- 金モール：奇数日
- 白モール：偶数日

営業終了後に確認し，モールがつけられた商品の製造日から消費期限を逆算したうえで，期限切れのものは廃棄します。

食材別の留意点
■野菜

野菜にも細菌が付着していますので，使用する前には必ず酸性水で食材を洗います。その際，虫が混入していないかも十分に注意しましょう。また，野菜の消費期限はモノにより変化しますので，現場判断が求められます。少しでも色が変色しているもの，傷んでいるものは使用しないようにしましょう。

7 製造作業～原材料の発注・在庫管理①

> **ポイント**
> ①はじめに発注業務全体の流れを示す
> ②発注方法は,「発注の仕方」「発注量の決め方」の2軸でまとめる
> ③発注する際の留意点を洗い出し,マニュアルに落とし込む

> **解　説**

① はじめに発注業務全体の流れを示す

　原材料の発注業務で大切なことは,発注業務全体の流れを理解することにあります。ですから,マニュアル作成にあたっても,はじめに発注業務全体の流れを示し,そのあとに各業務のポイント,留意点をまとめていくとよいでしょう。発注業務全体の流れを示す際には,サンプルのように図表を活用するとわかりやすくなります。また,発注という言葉にとらわれると,納品,検品などの項目がマニュアルから漏れてしまうケースがあります。納品や検品は,発注業務と密接な関わりがありますから,発注業務の一環としてマニュアル化しておくとよいでしょう。発注業務の範囲を,発注した商品がお店に届くまでの一連の流れとしてイメージすると,マニュアルに漏れがなくなります。

② 発注方法は,「発注の仕方」「発注量の決め方」を整理する

　発注方法については,このマニュアルをみることで,新人スタッフでも発注ができるようになるレベルで具体的に記載する必要があります。「取引先への発注の仕方」と「発注量の決め方」の2つの視点で記載しましょう。専用の発注システムや発注表がある場合は,それらの画像を添付し,画像と連動させながらポイントを解説することで,読み手にとって理解しやすいマニュアルとなります。

③ 発注する際の留意点を洗い出し,ノウハウとして整理する

　発注する際には,事業者によってそれぞれ個別の留意点があるはずです。そのような留意点こそ,マニュアルで整理しておくことが大切です。発注業務全体の流れに沿って注意ポイントを洗い出し,「ポイント」や「留意点」などといった形でまとめておくとよいでしょう。

4 製造作業～原材料の発注・在庫管理

(1) 発注フロー

発注商材、数量の確定 → 発注手続き → 納品 → 検品

①発注商材，数量の確定
実際の在庫数量をカウントし，発注する商材，数量を把握します。

②発注手続き
発注システムにて，①で確定した商材の発注手続きを行います。

③納品
発注した商材が，決められた日にお店に届きます。

④検品
発注した内容と納品された商材を比較し，数量などに誤りがないかを確認します。不良品が納品されていないかも併せて確認します。

(2) 発注方法

発注システム
食材発注業務に「FOOD System」という受発注システムを使用します。システム内で，複数の取引先への発注を一括で行うことが可能です。

発注ポイント
食材の発注は，毎日実施します。店舗のサイズや売上から「基準在庫数」を設けています。実際の在庫数をカウントし，「基準在庫数」と比較したうえで，取引業者ごとのリードタイムに合わせて必要な発注数を決定します。発注する食材と必要発注数が決まったら，「FOOD System」で発注する数量，納品日を入力し，発注手続きを行います。

(3) 発注時の留意点

基準在庫数に従って発注数を決めたとしても，それが必ずしも正しいというわけではありません。天候や近隣イベントの状況などによって，適正な在庫数は日々変動します。売上に影響する情報を常に収集し，発注数量を増減する意識を持つことが大切です。

8 製造作業〜原材料の発注・在庫管理②

ポイント
①商品受け入れ時のフローを整理することが大切
②検品する際の基準や方法をまとめる
③定位置は，写真や図表を使用して，視覚的に理解できるよう工夫する
④棚卸は，実施時期，実施方法，使用ツールの切り口で整理する

解　説

① 商品受け入れ時のフローを整理する

　発注した商品が納品されると，それらの商品は，お店の売場や倉庫，冷蔵庫・冷凍庫などにしまわれることになるはずです。ですから，商品受け入れ時のポイント，および売場や倉庫，冷蔵庫・冷凍庫へのしまい方をマニュアルに落とし込んでおくことが大切です。

② 検品時に確認すべき内容を整理する

　商品受け入れ時は検品を行うことが大切です。検品方法はマニュアルに詳細に落とし込みます。「納品書と商品が合っているか」「発注書と納品書が合っているか」「商品そのものの善し悪し」の3つの切り口で検品基準を整理します。発注書，納品書などの形式が決まっていれば，画像を添付して解説するとよいでしょう。

③ 定位置は，写真や図表を使用して示す

　検品した食材をしまう場所，いわゆる定位置管理についても整理します。文章で表現することは難しいので，画像や図表を使って整理すると効果的です。在庫管理は，「どこに」「何が」「どれくらいあるのか」をいかに効率的に把握できるかがポイントとなります。その点を意識して，マニュアルに落とし込みます。なお，商品格納の基本である「先入れ先出し」については必ず触れておきましょう。

④ 棚卸のフローや実施方法を示す

　在庫管理のパートでは，棚卸作業の進め方についても整理しておくとよいでしょう。棚卸の実施時期，実施方法，使用するツールなどの観点で整理します。定型の棚卸表などが存在する場合は，その画像も添付します。

(4) 検品作業

業者に持ってきていただいた食材は，以下のポイントを検査してから冷蔵庫・冷凍庫・倉庫に保管します。

- 発注書と納品書の内容が一致しているか
- 納品書と到着した商品が一致しているか
- 到着した商品の品質に問題はないか

(5) 定位置管理

検品した食材は，決められた場所に保管していきます。以下の棚割りをベースに，お店ごとに棚割表を作成し，補完するルールとなっています。なお，保管の際には，「先入れ先出し」を徹底しましょう。

棚割り表

グリーン カール	レタス	水菜	キャベツ	
長ネギ	万能ねぎ	パオ	ジャガイモ	むきたまねぎ
		大葉	チーズ	大根・人参
ニンニクの芽	アスパラ	しき葉	白髪ネギ	ポテトサラダ
	きゅうり	ししとう		

先入れ先出し

先入れ先出しとは，先に仕入れた商品から使っていく方法で，納品時，新しい商品を，先に仕入れた商品の後ろにしまうことで可能になります。

(6) 棚卸

毎月15日と月末に棚卸を実施します。お店にあるすべての商品在庫数を数え，本部から配信する棚卸表に記入していきます。棚卸作業では，以下の点に留意しましょう。

- 効率的に作業を進められるよう，日ごろの定位置管理を徹底する
- 棚卸表の数量単位を確認する
- 数え間違いなどが出ないよう，2人体制で実施する
- 15日，月末は在庫が少なくなるよう事前調整する

9 製造作業〜製造レシピ・製造手順①

ポイント
①製造方法の種類に応じて，代表的な製造手順を記載する
②製造手順は，未経験者でもイメージできるよう工夫する
③重要ポイントは別枠を設けて詳細を記載しておくと効果的です

解　説

① 製造手順を製造方法の種類に応じて分類し，代表的な流れを記載する

　製造オペレーションを理解するためには，製造作業の大まかな流れを理解することが不可欠です。ですから，個々の製造レシピなどの詳細な説明に入る前に，自店舗における代表的な製造手順を整理しておきましょう。製造手順をマニュアル化する際には，製造方法の違いに応じていくつかに分類し，それぞれ代表的な流れを記載していくとわかりやすくなります。サンプルはベーカリーの事例ですが，基本的な製造方法についてマニュアルに落とし込んだうえで，個々の製造方法については，レシピ表を別途参照するよう指示しています。こうすることで，読み手は自店舗の代表的な製造の流れを最初にイメージすることができます。

② 製造手順は画像を多く使用して，未経験者でもわかるように整理する

　製造手順は文章での表現には限界がありますので，写真や図表を多く使用して，新人スタッフでも理解できるようにしておきましょう。手順内の各項目には，簡単な作業内容や注意点などを記載しておくと，読み手の理解促進につながります。ただし，あまりたくさんの情報を記載してしまうと，製造手順の理解を阻害する恐れもあります。あくまで製造手順のわかりやすさを優先し，各手順内の説明についてはポイントを記載する程度に留めることが大切です。

③ とくに重要なポイントは，別枠で整理する

　一通り製造手順をまとめ終わったら，各製造手順内でとくに注意しなければいけないポイントなどを別枠で詳細に整理します。先に整理した製造手順の切り口で注意点やポイントを洗い出していくと，マニュアルに漏れがなくなります。

5 製造作業〜製造レシピ・製造手順

(1) 基本の製造フロー

基本は下記の流れに従って製造をします。パンの種類ごとに製造方法は異なりますので、詳細は「レシピ表」を参照してください。

①パン生地の解凍	
鉄板の上に冷凍された状態のパン生地を並べ、リターダーに入れて解凍します。その際、生地が汚染、乾燥しないよう、袋で包んだ状態で保管します。	

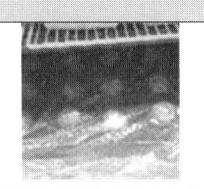

②パン生地の加工	
パンの種類に応じて成形します。	

③パン生地の発酵	
解凍、加工が完了したパン生地を、ホイロにセットして発酵させます。	

④焼き上げ	
パン生地をオーブンで焼き上げます。パン生地によって、焼き上げる温度、時間が異なります。ミスしてしまうとパン生地が焦げてしまいます。やり直しは利きませんので注意が必要です。	

(2) 製造のポイント

パン生地の加工から発酵までは時間がかかるため、朝、一から製造を開始していたのでは、開店直後に商品が間に合いません。そのため、開店直後用の商品は、前日のうちにドーコンにパン生地をセットし、「③パン生地の発酵」までを行っておきます。

10 製造作業〜製造レシピ・製造手順②

ポイント
①製造レシピは，1アイテム1ページを基本として作成する
②レシピ情報だけで誰もが同じ商品を製造できるよう製造手順を整理する
③製造するうえでのポイントは見落とされないよう工夫する

解　説

① 製造レシピは基本1アイテム1ページにする

　製造レシピは，1アイテム1ページを目安に作りこんでいきます。ページをまたいでしまうと，その商品を製造する際に現場でページをめくらなければならなくなるため，実用性が低下してしまいます。商品を製造するために必要な原材料はもちろん，使用する分量も定量的に示します。商品ごとの個別原価を管理するためにも，原価金額まで計算しておくことが大切です。「ひとつまみ」などのあいまいな表現にしてしまうと，商品の再現性に問題が生じる危険性がありますので注意が必要です。

② 未経験者でも一定の再現性が保てることを意識して製造方法を整理する

　製造方法は，製造の流れに従って手順を記載していきます。お店のスタッフはこのレシピしか情報を持たないことを認識し，このレシピを読むだけで誰もが同じ商品を製造できるようになるレベルで具体的に記載していきます。手順が複雑な場合は，製造手順に合わせて複数枚の写真を添付することも効果的です。素材となる画像を用意する際には，カメラの連続撮影機能を使用し，できる限り多くの写真を撮影しておき，後で使用するものを精査して，マニュアルに落とし込んでいくとよいでしょう。

③ 製造上のポイントは，手順とは別枠で示す

　商品を製造するうえで，とくに注意しなければならない点は別枠でまとめることも効果的です。あえて注意ポイントなどの枠を用意することで，読み手に重要性が伝わります。また，完成写真はできるだけ大きめの写真を添付し，製造した商品と比較ができるようにしておきましょう。これが再現性の担保につながります。

(3) 製造レシピ

Sample

品名	三種のチーズ		
分類	惣菜パン(フランスパン)		
使用生地名				
製品NO		【原材料】	
生地入数	個/箱	小麦粉、砂糖、マーガリン、パン酵母、食塩、ショートニング、エダムチーズ、チェダーチーズ、ミックスチーズ	
生地入数/袋	個		

原材料名	使用量	金額
生地	1玉	20 円
エダムチーズ	5g	10 円
チェダーチーズ	5g	8 円
ミックスチーズ	5g	8 円
		円
		円
		円
原材料費合計		46 円
参考小売価格		100 円

アレルギー表示	小麦	そば	卵	乳	落花生	えび	かに

エネルギー 80 kcal/個

ドーコン対応	ドーコン対応	可		ホイロ	温度	38℃
	冷蔵	℃	時間		湿度	%
	昇温	℃	時間		時間	分

		内容			内容
①解凍		①冷凍庫から生地を取り出します。 ②箱から生地を取り出します。 生地は丸出しと、乾燥防止のために袋をかぶせるものとがあります。 1時間～1時間半で解凍を行います。 ③前日からの残りの生地はリターダーに入れて解凍します。	③焼成		鉄板に乗せて焼きます。 【温度】 210℃ 【時間】 12分

		内容			内容
②発酵・成形		①手のひらに乗るサイズにこねて広げます。 ②チーズを22g加えます。 ③手のひらに収まるサイズに丸めます。 ④チェダーチーズを、包んだ口の部分と反対側にまぶします。	④仕上		焼き上がったら、ミックスチーズをトッピングします。

【製品特徴】

11 製造作業〜作業（サービス業等のポイント）

　ここではマッサージ業を事例として，サービス作業のマニュアル化のポイントを紹介します。

ポイント
①サービス業の場合，目的や期待効果を明記する
②作業方法は，画像に文章を添える形式でまとめる
③良い例に加えて悪い例を示すことで，読み手の理解を促進する

解　説

① 作業の目的，期待効果を明記する

　サービス作業のマニュアル化にあたっては，サービス作業の目的や期待効果を明記することが大切です。サービス業の最大の特徴は，提供する商品に形がないことです。前述の製造レシピと異なり，サービス作業の成果物には形がありません。ですから，サービス作業の目的や期待効果をあいまいなままにしてサービスを提供してしまうと，間違いなくサービス品質にバラツキが生じてしまいます。サービス作業において品質を標準化するためには，作業の目的や期待効果を作業者に意識してもらうことが前提条件となります。

② 作業方法は，画像を活用してできる限りイメージできる工夫をする

　作業方法についても，サービス作業には形がないことを意識してマニュアルに落とし込んでいくことが大切です。写真やイラストを活用して，作業方法やポイントを具体的に解説していきます。サンプルでは，言葉では表現しにくい部分を，画像を活用して誰が見ても理解できるよう工夫をしています。サンプルのようにただ画像を載せるだけでなく，必要に応じて画像を加工することで，読み手の理解が深まります。作業上の感覚的なポイントも，できる限り作業方法の中に落とし込み，画像と合わせて解説します。

③ 良い例と悪い例を並べることで，読み手の理解を促進する

　また，良い例に加えて，悪い例や間違っている事例の画像を活用することも効果的です。悪い例，間違っている事例が加わることで，正しい作業方法がより具体的に理解できるようになります。サンプルのように，作業上の注意点やポイントなどと併せて掲載するとよいでしょう。

6 製造作業〜作業（マッサージ業）

Sample

(1) ストレッチ

正しい方法で行わないと，けがをさせてしまう原因になります。とくに留意点はしっかりと確認してください。

足の後ろ側全体のストレッチ(左右)	
<目的> ハムストリングス・腓腹筋を伸ばします。 ここの筋肉が硬いと、身体を前に倒すときに上手く曲がりません。	
（Good画像）	<目安時間・回数> 10秒/回　×　3回
	<実施方法> 膝を伸ばした状態で足を挙げます。 手の位置： 　挙げる足の膝の上（もも）と足首 伸びている筋肉： 　脚の後ろ面の筋肉 　（ハムストリングス・腓腹筋）

<留意点>

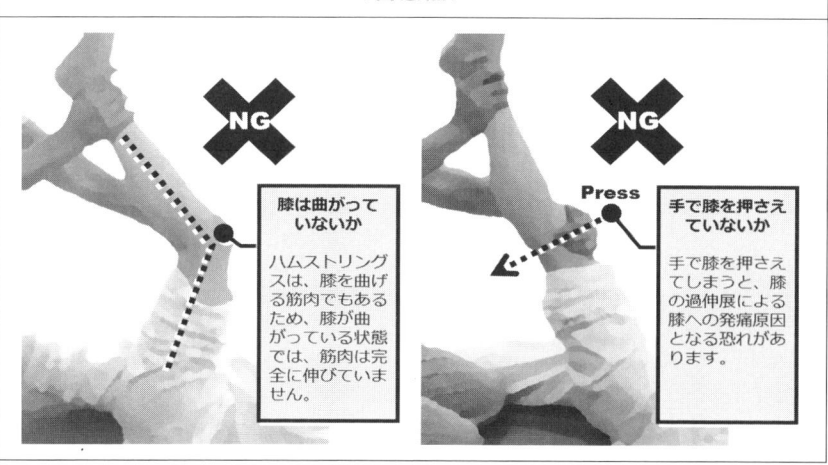

NG：膝は曲がっていないか

ハムストリングスは、膝を曲げる筋肉でもあるため、膝が曲がっている状態では、筋肉は完全に伸びていません。

NG：手で膝を押さえていないか

手で膝を押さえてしまうと、膝の過伸展による膝への発痛原因となる恐れがあります。

12 販売接客～マーチャンダイジング・売場づくり①

ポイント
①マーチャンダイジングの基本について記載する
②商品の補充のルールを記載する
③売場での商品の見せ方について記載する

解　説

① マーチャンダイジングの基本について記載する

　店舗の売場スペースは限られています。限られた売場スペースの中に，何を，どれだけ，どのように陳列するのかがマーチャンダイジングの基本です。オペレーションマニュアルでは，日々の売場をどのように作っていくのかを記載することがポイントとなります。どの店舗に行っても買いたいものがあって，安心して買い物ができると，お客様はチェーンのファンになります。売場のイメージは，チェーン自体のイメージにつながりますので，高い店舗水準を維持できるマニュアルづくりを心がけましょう。

② 商品の補充のルールを記載する

　商品の中には，回転率の低い雑貨などの商品もあれば，特売商品や生鮮食品など，時間帯ごとに頻繁な補充や入れ替えを行わなければならない商品もあります。商品をいくつかの分類に分け，分類ごとの補充の基準，売場チェックの方法などを記載して，売場に品切れ商品を出さないことが重要です。どの店舗でも定期的な売場チェックがなされることが必要ですので，いつ，だれが，どのように行うのかを明確に記載してください。

③ 売場での商品の見せ方について記載する

　定期的な売場のチェックは，欠品対策のためのみに必要なわけではありません。マーチャンダイジングの目的は，限られた売場の中でいかに効率よく商品を販売していくかにあります。お客様が商品を手に取りやすい売場の維持管理のため，販売員が日々気をつけなければならないことを記載してください。具体的には，手前の商品が売れたら後ろの商品を前に出す，商品が美しく見えるように置き方や商品状態を管理するなどです。

7 販売接客～マーチャンダイジング・売場づくり

(1) 店舗の品揃えの基本

　店舗での品揃えの基本は、お客様が欲しいと思う商品を適切に売場にお出しすることです。とくに、売れ筋の商品を売場から切らさずに、ボリューム感のある売場づくりができるよう、売場状況の確認やタイミングのよい品出しを行いましょう。

(2) 商品の補充について

　売場の状況を見ながら、品数が少なくなってきた商品は、キッチンに追加の発注を行います。通常の商品であれば、残数がトレーの半分くらいになった時が追加発注の目安ですが、商品の売れゆきによっては早めの発注が必要です。とくに、売れ筋商品はトレーを2枚用意するなど、売場から商品がなくならないように心がけることが重要です。

(3) トレーへの商品の追加の仕方

　焼きあがった商品は、同じ商品のトレーに追加します。パンの追加は、後入れ先出し法で行います。後入れ先出し法とは、後からできたものを先に販売する方法です。パンは焼きたてが一番美味しいので、焼きたてから、お客様におすすめしましょう。商品を追加する際は、重みで商品がつぶれないように注意しながら、ボリューム感が出るように乗せていきましょう。

ボリューム感を出した並べ方

(4) 商品の前出し

　定期的に売場を回り、空間が目立つトレーがあったら、トングを使用して商品を前面に移動させましょう。

商品を前面に移動させます

13 販売接客〜マーチャンダイジング・売場づくり②

ポイント
①客動線を意識した店舗レイアウト例を記載する
②商品の陳列方法について記載する
③ゴールデンゾーンの考え方について記載する

解　説

① 客動線を意識した店舗レイアウト例を記載する

　お客様の買上金額を上げるためには，店舗の滞在時間を長くすること，売場をしっかりと見ていただくことが重要です。そのために，お客様に店舗を周遊していただけるようなレイアウトをつくることを，具体的な例を挙げて記載します。動線は一般的に，お客様の9割が歩く主動線と，副動線があります。主動線は，道幅を広くとり売れ筋商品などを陳列，副動線は目的買い商品を置くなど，陳列ルールを明確化しましょう。

② 商品の陳列方法について記載する

　店舗内での陳列方法には，さまざまなものがあります。たとえば，商品を平面的に並べる平面陳列や，かごなどに山積みにして売るジャンブル陳列，部分的に通路上にはみ出させて陳列する島出し（アイランド）陳列など，商品に合わせて適切な陳列を行っていく必要があります。また，どれだけの量を売場に並べるか，商品フェイスをどれだけ見せていくかも商品ごとに変わってくるはずです。モデル店舗での陳列ノウハウを再確認して，マニュアルに反映させることが重要です。

③ ゴールデンゾーンの考え方について記載する

　ゴールデンゾーンは，陳列範囲の中でお客様が商品を一番手にしやすい高さのことをいいます。一般的に男性のゴールデンゾーンは70〜160cm，女性のゴールデンゾーンは，60〜150cmといわれます。高齢者やお子様ならゴールデンゾーンは低くなりますので，ターゲットによってゴールデンゾーンは変わってきます。モデル店舗の状況をみて，最も手に取ってもらいやすい高さはどこかを把握し，マニュアルに反映させましょう。

(5) お客様の動線について

お客様は，入口から入りトレーを手にしてから，欲しいものを探し，レジに向かわれます。お店全体を回っていただきやすいレイアウトと，お客様の動きを意識した陳列を心がけましょう。

【お客様が店内を回りやすい】　　　【お客様が店舗を回りにくい】

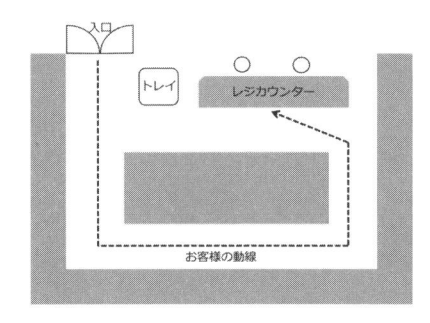

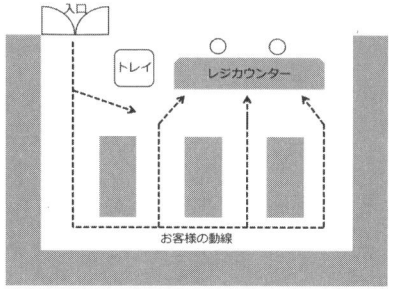

(6) ゴールデンゾーン

最もお客様の目に留まりやすく，商品を手に取っていただきやすいゾーンをゴールデンゾーンと呼びます。当社の場合，パンを平置きするため，ゴールデンゾーンは，一般におけるゴールデンゾーンより低めの床下70～120cm程度です。ゴールデンゾーンにあたる棚には，売れ筋商品やキャンペーン商品などを中心に陳列しましょう。

お子様やお年寄りは，目線が下がるため，ゴールデンゾーンも低くなります。お子様向けのキャラクター商品や，年配の方に好まれる商品は，低めの棚を中心に陳列しましょう。

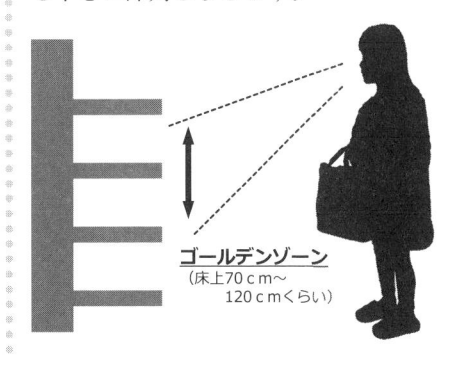

14 販売接客～マーチャンダイジング・売場づくり③

ポイント
①本部提供販促物について
②店舗独自の販促策について
③店舗の視認性等について

解 説

① 本部提供販促物について

　チェーン本部の販促物は，作成するだけでなく，どのタイミングでどのように利用するかの利用方法を各店舗に伝える必要があります。各販促物によって細かい決まりは変わってくると思いますが，基本的な使用方法や作成の意図などはマニュアルに記載する必要があるでしょう。集客用のポスターであれば，店舗のどの位置に貼るのか，本部提供看板ならば店舗タイプごとにどこに設置するのが望ましいかなどを記載していきます。

② 店舗独自の販促策について

　手書き看板や手書きPOPの作成など，店舗独自で行うことで地域客との関係性を築く取組みにつながる販促策があります。これらの販促策を実施するかどうかは，チェーンの目指すイメージ等によって変わってきます。マニュアルでは，本部提供の販促物の役割の範囲と，店舗独自の販促策実施の有無，実施範囲を明確にしておきましょう。店舗独自の取組みについて明確にすることは，チェーン全体のサービス保持のために重要です。

③ 店舗の視認性等について

　店舗の視認性の考え方，店舗からの情報発信の種類，人の目を引く配色などの基本的な点はマニュアルにまとめておくとよいでしょう。せっかく立派な看板があり，訴求力の高いのぼりを立てても，目的や期待効果がわからなければ，自然と管理はずさんになってしまうでしょう。店舗の視認性に関しては，お客様の立場になり客観的なチェックを行うことも必要です。チェック項目やチェックを行う感覚などについても記載するとよいです。

(7) 販促物の活用

本部提供ツールの活用

季節ごとの店舗内装飾品が本部から送られたら，できるだけ早く店舗に飾り付けを行いましょう。

【ハロウィンの装飾品例】　【店舗内の季節感を演出】

【本部作成ポスター】 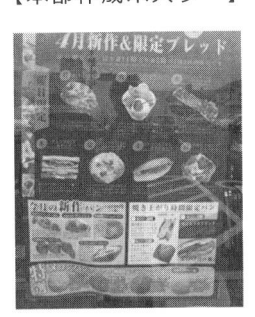　【本部作成ＰＯＰ】

店舗独自の販促ツールの活用

店内POP…「迷ったらコレ」　販売スタッフが作成し添付。

その他，商品紹介手書きPOP等は店舗スタッフが作成して展開

【店内ＰＯＰ展開】

15 販売接客〜身だしなみ

ポイント
①身だしなみ基準の必要性を意識する
②独自の身だしなみ基準を設定する
③身だしなみ基準の記載を行う

解　説

① 身だしなみ基準の必要性を意識する

　販売員は店舗の顔です。お客様と最も接することが多いのが販売員です。販売員の身だしなみの乱れは，店舗イメージの低下につながり，チェーンのブランド力を下げます。制服には，チェーンのロゴが入り，チェーンのイメージカラーが使われるなど，販売員はチェーンの看板を背負って歩いているといっても過言ではありません。しかし，身だしなみに関する基準は人によってさまざまですので，店長の主観でのチェックでは，店舗によってバラツキが出ます。また，あいまいな基準でのチェックでは，従業員も納得しないでしょう。チェーンとしてこれが正しいという身だしなみ基準をしっかりと提示して，マニュアルに記載することがチェーンのブランド力維持につながるのです。

② 独自の身だしなみ基準を設定する

　身だしなみ基準は，業種によって異なり，また店舗コンセプトによっても異なります。飲食業であれば，髪の毛が食べ物に入らないように髪を短くする，介護サービスであれば，ピアスやマニキュアなどは避ける，といった基準になるでしょう。身だしなみ基準の設定を行う際は，自チェーンの既存店とともに，同業他社を中心とした他チェーンの店舗調査を行い，どのような基準が望ましいのかを決めていきましょう。

③ 身だしなみ基準の記載を行う

　店舗が目指す身だしなみ基準を設定したら，写真やわかりやすいイラストを入れて，マニュアルに記載します。販売員が実施可能な内容となることも留意しながら，具体的な身だしなみ基準を記載してください。男性と女性とでは留意点が違いますので，それぞれの基準を記載することが必要です。

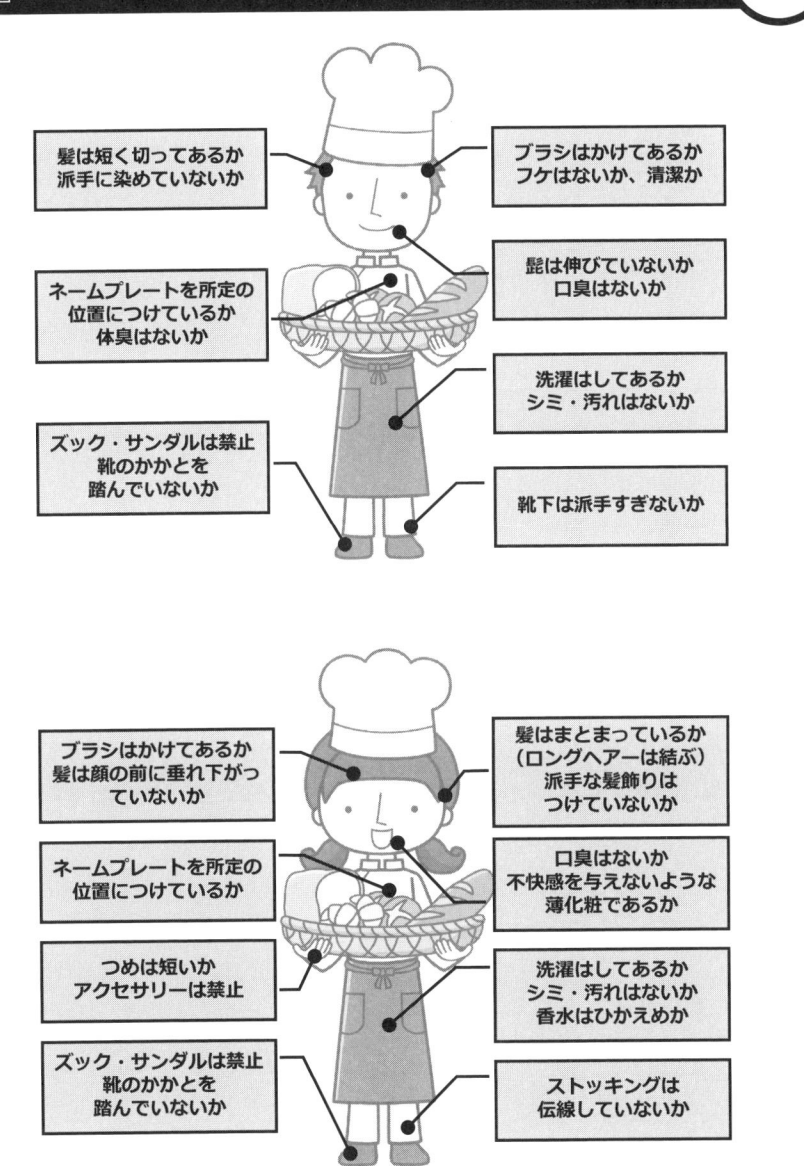

8 販売接客～身だしなみ

Sample

【男性】

- 髪は短く切ってあるか 派手に染めていないか
- ブラシはかけてあるか フケはないか、清潔か
- ネームプレートを所定の位置につけているか 体臭はないか
- 髭は伸びていないか 口臭はないか
- 洗濯はしてあるか シミ・汚れはないか
- ズック・サンダルは禁止 靴のかかとを踏んでいないか
- 靴下は派手すぎないか

【女性】

- ブラシはかけてあるか 髪は顔の前に垂れ下がっていないか
- 髪はまとまっているか（ロングヘアーは結ぶ） 派手な髪飾りはつけていないか
- ネームプレートを所定の位置につけているか
- 口臭はないか 不快感を与えないような薄化粧であるか
- つめは短いか アクセサリーは禁止
- 洗濯はしてあるか シミ・汚れはないか 香水はひかえめか
- ズック・サンダルは禁止 靴のかかとを踏んでいないか
- ストッキングは伝線していないか

3.オペレーションマニュアル　115

16 販売接客〜接客①

ポイント
①接客の基本理念の記載
②接客○大用語の設定
③基本的な接客方法についての記載

解説

① 接客の基本理念の記載

　接客についての記載を行う際には，まず接客基本理念を示すことが重要です。接客を行うにあたっての心構えや接客方法などはチェーンによってさまざまです。スピード感が重視されるチェーンもあれば，ゆったり丁寧な接客が求められるチェーンもあります。大事なことは，販売員が何を目指すかという共通の認識を持って接客を行うことです。自社のイメージに合ったわかりやすい基本理念を設定してください。

② 接客○大用語の設定

　接客の基本理念に合わせて，自チェーン独自の接客用語を記載しましょう。接客用語もチェーンによってさまざまです。「いらっしゃいませ」と声掛けをするチェーンもあれば，「こんにちは」と声掛けをするチェーンもあります。接客○大用語を定めることで，販売員から自然とそれらの言葉が出るようにすることを目指しましょう。そのために，朝礼時や遅番販売員が売場に入る時等，接客○大用語を唱和するしくみをつくることも重要です。

③ 基本的な接客方法についての記載

　モデル店舗での接客オペレーションを参考に基本的な接客方法についての記載をします。ここでは，とくにお客様とのファーストコンタクトはいつ行うか，お客様に対して，どのようなお手伝いをするのかなどについて述べ，販売員に基本的な動きのイメージを持ってもらうことを心がけましょう。また，笑顔のつくりかたの記載などもあるとよいでしょう。

9 販売接客〜接客

(1) 接客の基本

接客の基本理念
- 日々の接客は，スピーディーでありながら礼儀正しく行いましょう。
- お客様に親近感を持たれる親しみある接客を心がけましょう。
- お客様に感謝していただけるような仕事を行うことが，接客担当者の役目です。

接客8大用語

> いらっしゃいませ
> かしこまりました
> 少々お待ちくださいませ
> お待たせいたしました
> 恐れ入りますが
> 申し訳ございません
> ありがとうございます
> ありがとうございました

笑顔のチェック

- 目線はお客様の鼻の辺り
- 口角を上げる
- いらっしゃいませ!! の発声と一緒に笑顔

17 販売接客〜接客②

ポイント
①接客フローの必要性を認識する
②接客フローを構築する
③接客フローを記載する

解説

① 接客フローの必要性を認識する

　販売員がお客様を店舗に迎え入れてから送り出すまでの基本的な接客フローを記載します。接客フローにバラツキがあり，販売員から一貫した接客サービスを受けることができないと，お客様はチェーンに対する不信感を持ちます。どの店舗に行っても同じサービスを受けられるということがお客様の安心感につながりますので，誰が接客を行っても同じになるように具体的に接客フローを記載してください。

② 接客フローを構築する

　接客フローの具体化は，業務の標準化につながります。フローを構築する際には，お客様にとって心地よい流れになるという面と，業務を効率的に行うという面の2つの面に着目する必要があります。単に丁寧に接客を行うだけではなく，それをいかに効率的に行うかも重要なポイントです。実際に，既存店舗で模範となる接客を行っている販売員数人の接客を受けて，留意点などについてヒアリングを行い，自チェーンのモデルとなるようなフローを構築していきます。

③ 接客フローを記載する

　初めて店舗に入った従業員は，マニュアルの接客フローを見て接客を覚えます。接客フローが具体的であればあるほど，接客の統一感は増しますし，接客トレーニングの負担は少なくなります。作業をできるだけ細かく分解して，誰が見てもわかるように記載してください。お客様に良い印象を与える作業が入れば，他店との差別化要因になり得ます。逆に無駄な作業が入れば，全店舗の販売員の行動に無駄が生じることになりますので，記載内容については，十分に検討を重ねてください。

(2) 接客販売

スピーディーに，礼儀正しく，笑顔を忘れずに行ってください。

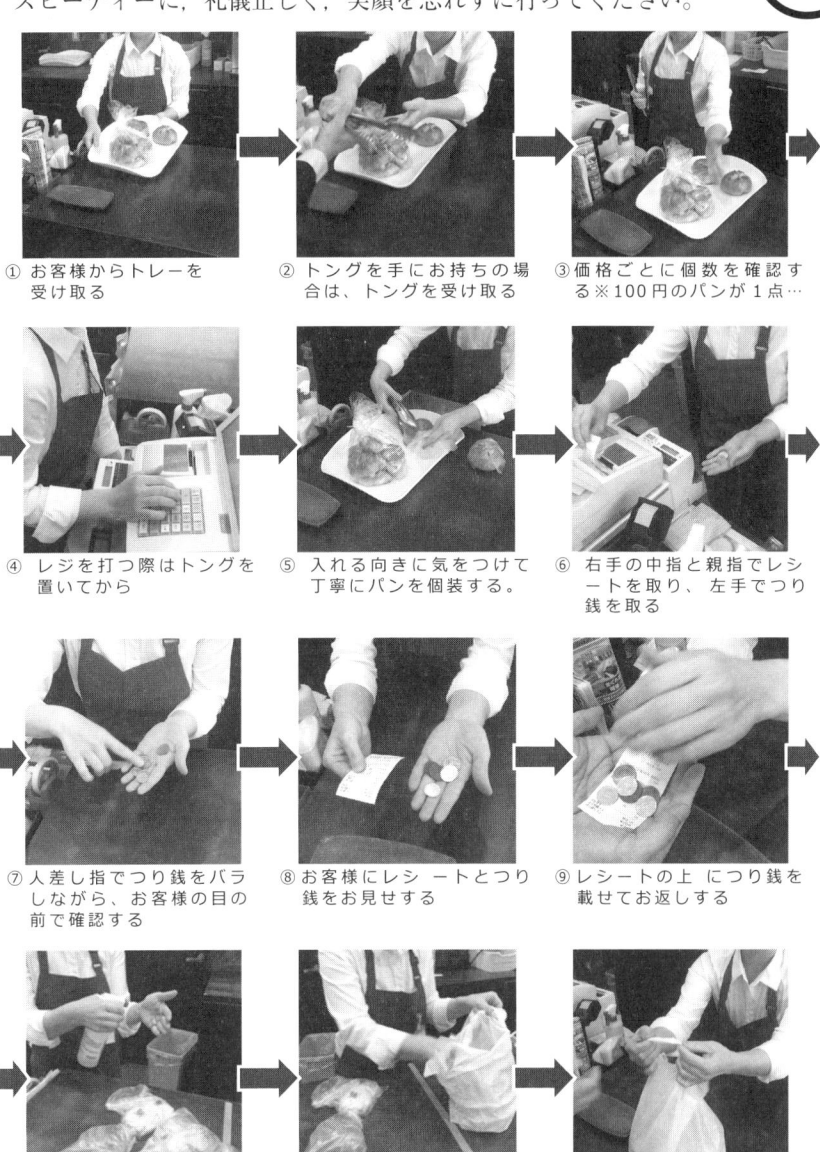

① お客様からトレーを受け取る

② トングを手にお持ちの場合は、トングを受け取る

③ 価格ごとに個数を確認する ※100円のパンが1点…

④ レジを打つ際はトングを置いてから

⑤ 入れる向きに気をつけて丁寧にパンを個装する。

⑥ 右手の中指と親指でレシートを取り、左手でつり銭を取る

⑦ 人差し指でつり銭をバラしながら、お客様の目の前で確認する

⑧ お客様にレシートとつり銭をお見せする

⑨ レシートの上につり銭を載せてお返しする

⑩ お金を触った手をアルコールで消毒する

⑪ 商品をつぶれないように個別にレジ袋に入れる

⑫ レジ袋をお客様に両手でお渡しする

3. オペレーションマニュアル　119

18 販売接客〜レジ操作

ポイント
①レジ操作マニュアルの必要性を理解する
②標準レジオペレーションを設定する
③レジ操作マニュアルを記載する

解　説

① レジ操作マニュアルについて

　マニュアルにレジ操作の記載は必須です。通常レジには専用のマニュアルがありますが，管理者が行うべき細かい操作なども含め記載されており，一般の販売員にとっては難解なものになっています。初めてレジを操作するパートやアルバイトの販売員にもわかるよう，売場の実態に即したレジ操作の基本を掲載してください。レジ操作方法を具体的に記載することは，経験の浅い販売員の不安を払しょくすることにつながります。

② レジオペレーションの設定

　レジ操作で使用するキーは，通常の接客時に使用する販売フローに関わるものと，修正を行う際に使用するもの，データ収集を行う際に使用するものなどさまざまなものがあります。実際に使用するキーは限られていますので，まずは販売フローの中でどのようなキーを使用しているのかを知ることが必要です。既存店舗のレジ入力のフローを確認して何を記載すべきかを決定しましょう。レジオペレーション決定の際には，レベルの高い販売員ではなく，一般的な販売員のレジ操作を基準としてください。

③ レジ操作マニュアルの記載

　レジ操作マニュアルは，操作ごとに写真と解説文章を載せ，接客手順に沿って説明を行ってください。その際に，接客時のセリフや金銭取扱いの注意点なども記載するとわかりやすくなります。レジで顧客データの入力を行っているチェーンでは，データ入力の必要性と入力方法についても記載してください。販売員がデータ収集の意味について理解できていない状態で入力のみをお願いすると，でたらめなデータを入力される可能性が高いので気をつけましょう。

10 販売接客～レジ操作

　ここでは，レジ操作の基本の流れについて説明します。お客様をお待たせしないよう，スムーズに操作できるように練習をしてください。

　なお，レジに関する詳細な操作方法については，「別冊：レジシステム操作マニュアル」を参照してください。

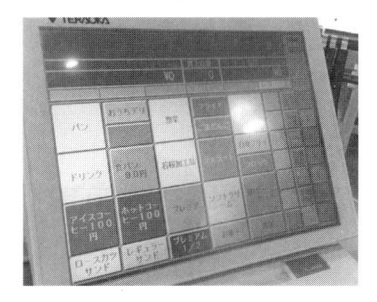

① **商品分類画面**
[パン]、[ドリンク]、[食パン]などの分類を選びます。

② **個数入力**
パンの個数を数えて、[個数×]を押します。

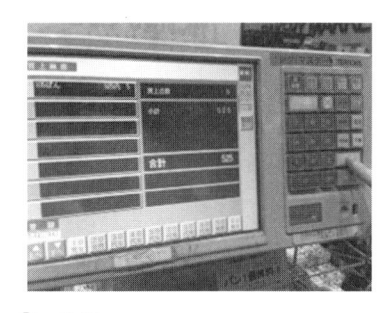

③ **小計**
個数、金額ともに間違いがなければ、[小計]を押します。

「お会計○○円です、ありがとうございます」

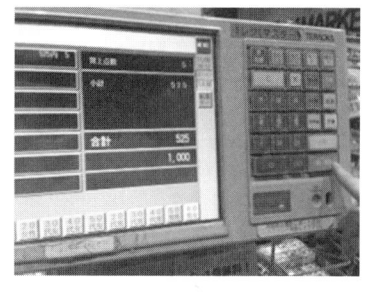

④ **会計**
お預かりした金額を確認し打ち込み、[預　現計]を押します。

「お会計失礼します」
お預かりしたお金を手前に引き、確認します。
「○○○円、お預かり致します」
出てきたおつりとレシートをお渡しします。
「○○円とレシートのお返しです、ありがとうございます」

3.オペレーションマニュアル　*121*

19 販売接客～店舗の清掃・クレンリネス①

> **ポイント**
> ①施設設備ごとに，清掃方法，頻度，担当を明記する
> ②清掃の記録方法を明記する
> ③地方公共団体や保健所の作成手引きを参考にする

> **解　説**

① 施設設備ごとに，清掃方法や頻度を明記する

　清掃し衛生を保つべき施設の設備について全体像を示すとともに，その清掃方法や頻度，そして担当も明記して，整理していきます。ここではまず全体像を示すことが大切です。週や月に一度だけ行うものについては具体的に「何曜日」「第何週の何曜日」と明記することも有効ですが，営業の繁閑やイベント，キャンペーンなどを考慮することも大切です。

　なお，床の清掃方法は，ドライシステム（水を流さず乾燥した床）とウェットシステム（水を流す床）では，床面の清掃方法に大きな違いがありますので，それぞれの構造に適した清掃方法を示す必要があります。

② 清掃の記録方法を明記する

　整理した設備ごとの清掃の一覧表をもとにして，各店舗に備える清掃記録についても用意しましょう。抜け漏れがなく，確実な衛生管理を徹底するうえで，目に見える形で記録することが重要です。また，清掃時に設備の異常に気づいたり，補修を行ったりした場合に記録できるように記入欄を用意しておきましょう。サンプルでは「不適事項改善措置」という列を用意しています。

③ 地方公共団体や保健所のマニュアル作成手引きを参考にする

　店舗の清掃手順については，衛生管理や自主点検の手引きとして，県や市といった地方公共団体や保健所のホームページなどで，さまざまなサンプルが入手できます。自分たちの設備に合ったものを活用してください。

11 販売接客～店舗の清掃・クレンリネス

Sample

(1) 店舗の清掃場所と頻度

施設および周辺の清掃

責任者氏名：＿＿＿＿＿＿＿

場所・名称	作業内容	頻度	担当
施設周辺	① 施設周辺の排水状況の確認する ② ゴミ・不要物等の放置物はないか確認する ③ 夏季は月1回以上の草刈りを行う	1回／週	フロア
床	① 床面を水で流した後、中性洗剤とデッキブラシで洗浄する	1回／日	キッチン
	② 水を切った後に 0.01%次亜塩素酸ナトリウムで消毒し、乾燥させる（換気扇を回すこと）	病原微生物汚染時	
内壁 (床から1m以内)	① 壁面を水で流した後、中性洗剤でデッキブラシ洗浄をする	1回／日	キッチン
	② 水を切った後に 0.01%次亜塩素酸ナトリウムで消毒し、乾燥させる（換気扇を回すこと）	病原微生物汚染時	
天井	モップ、布タオルで拭いた後、乾燥させる	1回／月	フロア
窓（網戸）	中性洗剤を溶解した洗浄液で拭き掃除をした後、乾拭きする	1回／月	フロア
照明器具	拭き掃除をする	1回／月	フロア
換気扇	① ファンの油汚れ、フィルターおよびフードを中性洗剤で洗浄する	1回／月	フロア
	② 換気管内の油汚れを洗浄する	1回／半年	
排水溝	① 水洗いの後、中性洗剤とブラシで洗浄する ② トラップにある残渣を取り除く ③ グリストラップを清掃する	1回／週	キッチン
トイレ	① 使い捨て手袋を使用し、トイレ用洗剤（消毒兼用）を浸したペーパーで壁、床の順に拭く ② 便器は、トイレ用洗剤を散布し、ブラシでこすった後、水洗いする	1回／日	フロア
ねずみ、昆虫防除	① ねずみ：トラップを排水溝脇・冷蔵庫脇・原材料倉庫内に仕掛ける ② ゴキブリ：トラップを排水溝脇・冷蔵庫脇・原材料倉庫内に仕掛ける ③ ハエ：出入り口に防虫カーテンを設置する	1回／週	フロア
	④ 駆除を○○に年2回委託する 　駆除記録を1年間保存する	1回／半年	

(2) チェックリスト

清掃記録　（　　年　　月分）　　　　　　　　　　　　　　　責任者氏名：＿＿＿＿＿＿＿

日	キッチン（製造エリア）			キッチン（原料倉庫）			不適事項改善措置 （保守管理）
	床	排水溝	内壁	床 (ドライ)	排水溝	内壁	
1日	✓	✓	✓	✓	✓	✓	
2日	✓	✓	✓	✓	✓	✓	
3日							
4日							
5日							
6日							
…							

3.オペレーションマニュアル　123

20 販売接客～店舗の清掃・クレンリネス②

> **ポイント**
> ①開店前，業務中，閉店時という1日の流れに沿って整理する
> ②清掃手順は写真付きで明示し，清掃された状態を示す
> ③特定設備向けの清掃手順は取捨選択をする

> **解　説**

① 開店前，業務中，閉店時と1日の流れに沿って整理する

　清掃手順についても，開店前，業務中，閉店時というように1日の流れで整理し，さらに業務中については特定の時間に行うもの，定期的に行うもの，あるオペレーションの前後で行うもの，乱れたり汚染されたりしたら直ちに開店直前の状態に戻すもの，それぞれに分けて整理していきます。

② 清掃手順は写真付きで明示し，清掃された状態を示す

　店舗内の場所ごとに清掃手順を記述していきます。ここでもきれいな状態の写真や注意点などをできるだけ視覚的にわかるように掲示していきましょう。手順はスタッフによって差異が出ないように具体的に記し，使用する器具についても明記しましょう。

③ 特定設備向けの清掃手順は取捨選択をする

　店舗によって設置する設備が異なるような場合には，マニュアルの配布形態を意識してまとめます。もし全チェーン全店舗に配布する場合には，とくに例外的な設備でない限りすべてについて解説します。もし店舗の形態によって分ける場合にはそれごとの設備に特化してもよいでしょう。

　クレンリネスや清掃手順についても，商品製造レシピやサービス手順と同様に，実際に店舗で実施させる手順に合ったものを作成し，もし追加されたり変更されたりした場合には見直していきましょう。洗剤や器具が変更された場合にも見直しが必要です。

(3) 便器の清掃手順
清掃の手順
以下の手順に従い，丁寧に清掃してください。

① クリーナーをかける
便器の隅を中心にトイレクリーナー酸性タイプをかけ、しばらく放置する。

② ブラッシング
トイレブラシでこすり洗いする。
男子トイレは目皿の下もブラッシングする。

③ 拭き上げる
便器全体をふきん・クロスで拭く。
便器の周辺もきれいに拭き上げる。

日常のチェック

チェック表

年　　月　　日　（　）

店舗名：＿＿＿＿＿＿＿＿＿

チェック項目	開店前	午前1回目	お昼	午後1回目	午後2回目	ラスト
床にゴミが落ちていないか	:	:				
便器に汚れがないか	:	:				
トイレットペーパーは補充してあるか	:	:				
シートクリーナーは補充してあるか	:	:				
操作盤に汚れがないか	:	:				
手洗いのシンクの掃除	:	:				
手洗い液は十分にあるか	:	:				
手洗いの周りの水ふきとり	:	:				
ゴミ箱を空にする	:	:				
ペーパータオルは十分にあるか	:	:				
掃除用具は整理整頓	:	:				
鏡はきれいに磨かれているか	:	:				
壁・床が汚れていないか	:	:				
不審な物が置いていないか	:	:				
汚物入れはいっぱいになっていないか	:	:				
おむつ交換台の消毒	:	:				
チェックした人						

※チェックした時間を記入してください。

4.マーケティングマニュアル

1 マーケティング計画の立案と実行

ポイント
① 1年間の販促スケジュールを立案する
② 販促施策に関して本部と店舗の役割分担をする
③ PDCAを回すための，Cの方策を準備する

解　説

① 1年間の販促スケジュールを立案する

　マーケティングを集客という観点でとらえると，その活動は単純にいうと，『新規顧客を獲得する→既存顧客をリピーターにする→目減りした顧客を補充するために新規顧客を獲得する』という繰り返しになります。本部がこうした経験を積むことによりマーケティングノウハウが蓄積され，広告宣伝量に対する顧客獲得率，経過期間に対する既存顧客の定着率などのデータをもとに，最も効率的な販促計画を立案できるようになります。

② 販促施策に関して本部と店舗の役割分担をする

　販促施策には，HPに掲載するチェーン全体の販促のような本部が一括で行うものと，店舗が個別に地域限定で行うものとがあります。どのターゲットにどのような販促施策を打つのか，予算や担当者はどうするのか，本部と各店舗であらかじめ役割分担をしておく必要があります。

③ PDCAを回すための，Cの方策を準備する

　売上予測や販売計画自体が店舗の立地する市場・商圏の調査結果に照らし合わせて適切な数値なのか，適切な販売促進方法なのかを検証する必要があります。販売促進策を計画どおりに実行した結果，売上がどうなったのかを分析し，改善点を洗い出して次回の改善につなげます。

　また，販促策に対する効果はどのように測定するのか等の運用方針を決定し，マニュアルにも明記したうえで実施していく必要があります。顧客へのアンケート実施，持参チラシの回収，WEBクーポンの使用数など，効果測定が可能なように，販促策を設計しておくことが肝要です。

1 マーケティング計画の立案と実行

(1) 年間販促計画に基づいた販促の実施

　季節商品展開に合わせて，2ヵ月に一度，折り込みチラシでの販促を行います。販促活動は，さみだれ式に行うよりも期間を決めて集中的に行うほうが効果的なので，その他の販促活動を行う場合もタイミングを合わせて実施するようにしてください。

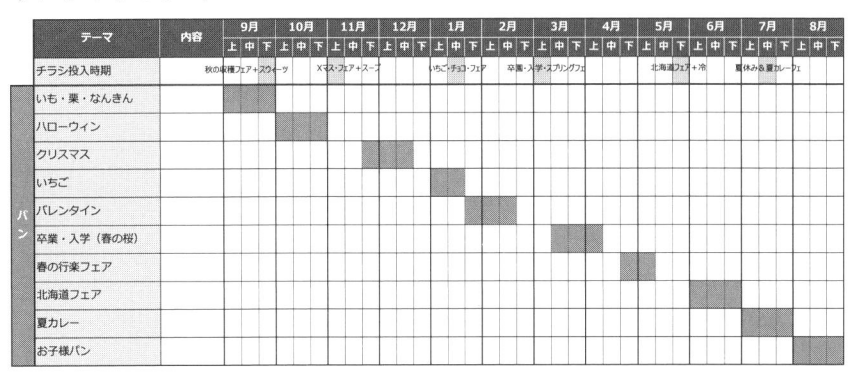

テーマ	内容	9月 上中下	10月 上中下	11月 上中下	12月 上中下	1月 上中下	2月 上中下	3月 上中下	4月 上中下	5月 上中下	6月 上中下	7月 上中下	8月 上中下
チラシ投入時期		秋の実種フェア+スウィーツ		Xマス・フェア+スープ		いちご・チョコ・フェア	卒業・入学・スプリングフェ			北海道フェア+冷		夏休み&夏カレーフェ	
パン	いも・栗・なんきん	■■■											
	ハロウィン		■■■										
	クリスマス			■■■									
	いちご					■■■							
	バレンタイン						■■■						
	卒業・入学（春の桜）							■■■					
	春の行楽フェア								■■■				
	北海道フェア									■■■			
	夏カレー											■■■	
	お子様パン												■■■

(2) 本部と店舗の役割分担

　基本的にチェーン全体で行う販促は本部で行い，エリアに根差した販促は店舗で行います。また店舗で行う販促に使用する広告原稿等は，標章の使用基準に従い作成し，事前に本部の許可を得なければなりません。

本部が行う販促	店舗が行う販促
● HPでの販促 ● メールマガジン・LINEクーポン	● 折り込み広告・ポスティング →広告原稿は事前に本部に提出 ● 店舗内販促 →スタンプカード・割引チケットなど

(3) 販促施策の検証のための手法

　販促施策の効果を測定するために，アンケートやチラシ回収などを事前に想定した計画を立案します。たとえば，チラシ持参した場合は割引，またそのチラシには顧客情報を書き込む欄を設けるなど，工夫が必要です。アンケートやチラシのサンプルは本部にありますので，販促を計画している段階で，事前に本部までご相談ください。

2 エリア販促

> **ポイント**

①エリアマーケティングと留意点
②商圏の設定・分析
③市場環境の分析
④地域の特性の把握と市場の細分化
⑤エリアに応じた具体的な販促活動

> **解　説**

① エリアマーケティングと留意点

　エリアマーケティングとは，従来の全国一律のマーケティングではなく，地域ごとに異なるお客様のニーズへ対応する観点から，出店地域の特性を把握して，きめ細やかな販売促進策を行うマーケティング手法です。ただし，各項目の本部と各店舗の役割分担や調査項目等はチェーンや業種によっても異なりますので，各状況に合わせてマニュアルに記述してください。

② 商圏の設定・分析

　まずは商圏の定義・設定を行います。商圏はお客様の地理的な分布を表し，立地や競合状況，ターゲット客の居住地域によって商圏の形や大きさ，販売促進策も変わりますので，調査すべき項目をマニュアルに記述します。

③ 市場環境の分析

　商圏を設定したら市場規模・エリアの成長性などを推定し，エリアの分析に必要な項目を記述します。その時に競合状況も調査しますので，競合店の調査項目もリスト化しましょう。

④ 地域の特性の把握と市場の細分化

　商圏を設定したら，各地域の文化，習慣等の特性を把握し，具体的な販売促進策を投入する単位となる市場の細分化をさらに行います。

⑤ エリアに応じた具体的な販促活動

　細分化された市場に対して，それぞれの特性に応じてポスティング・DM・FAXDM・イベント開催等の具体的な販促活動を実施します。この際，PDCAサイクルによる効果測定と検証・改善を行うと効果的です。

2 エリア販促

(1) 販促展開エリアの決定

ポスティングや折り込み広告を配布する販促展開エリアは，本部にあるGISソフトを使用して，店舗からの距離，人口，住民属性等を基準に町丁目別に分類し決定します。

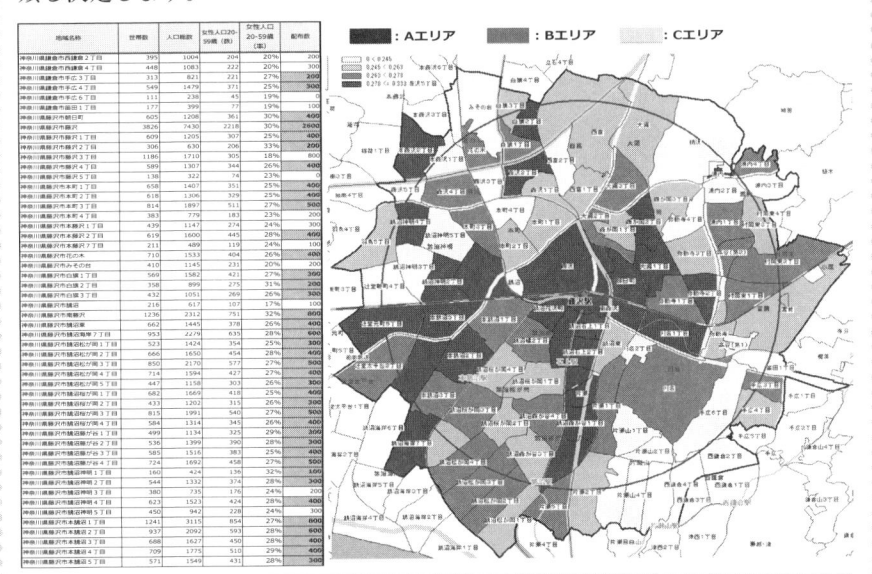

(2) 販促エリアのウェイト付けと販促ボリュームや頻度の調整

Aエリア

2ヵ月ごとの販促実施期間には，必ず販促を行います。

B・Cエリア

売上やコストとのバランスを見ながら，2ヵ月ごとの販促実施期間に，ローテーションを組みながら販促を実施します。

(3) 販促手段別の特徴

折り込みチラシ	ポスティング	タウンメール
最もオーソドックスな手段。一定の効果が見込めるので、必ず実施。	特定エリアに集中した販促が行える。本部が推奨する業者で実施すること。	費用は高いが、セキュリティのかかったマンションにもポスティングが行える。

4.マーケティングマニュアル　*129*

3 WEB販促

> **ポイント**
> ①WEB活用の留意点を共有すること
> ②目的や誰に・何を・どのように発信するのかを明確にすること
> ③変化が激しいのでマニュアル・運用の頻繁な見直しが必要

> **解　説**

① WEB活用の留意点を共有すること

　インターネットの発達やスマートフォン，タブレット等のモバイル媒体の普及により，今やWEBを活用した販促活動は店舗にも欠かせません。しかし，HP，インターネット広告，Facebook，Twitter，LINE，メールマガジンなど各媒体の特性の理解不足や，ターゲット客層やそのニーズとのミスマッチがあれば効果が上がりません。また，WEB上では他店と比較され，良い評判も悪い評判も広がりやすいことから，とくに多店舗展開した場合にはその影響が他店舗にも及ぶ可能性がありますので，発信内容のチェックが欠かせません。さらに近年ではインターネット広告の費用が全体的に上昇傾向にあり，失敗すると赤字の垂れ流しにもなりかねませんので，広告の予算管理や効果測定が不可欠です。WEBといっても実際に動かすのは人です。まずはこれらのWEB活用の留意点を，活用する媒体の特性と併せてマニュアルに記述して共有しましょう。

② 目的や誰に・何を・どのように発信するのかを明確にすること

　WEBを活用する場合にはその目的やターゲット（誰に），発信内容やコンセプト（何を），発信媒体（どのように），具体的な作業手順，反応があった時の対応方法等，予算や担当，情報の発信頻度，チェック体制，効果の検証方法など，さまざまな対応方針や対応方法をあらかじめ確立し，マニュアルに明記してください。

③ 変化が激しいのでマニュアル・運用の頻繁な見直しが必要

　インターネットの世界は情報や環境が目まぐるしく変化しますので，環境変化に合わせて運用方針およびマニュアルの記載事項も頻繁な見直しが必要となります。また，本部と各店舗がどこまでWEB活用について役割分担するのかについても，明記したうえで運用してください。

3 WEB販促

(1) WEB販促の構造

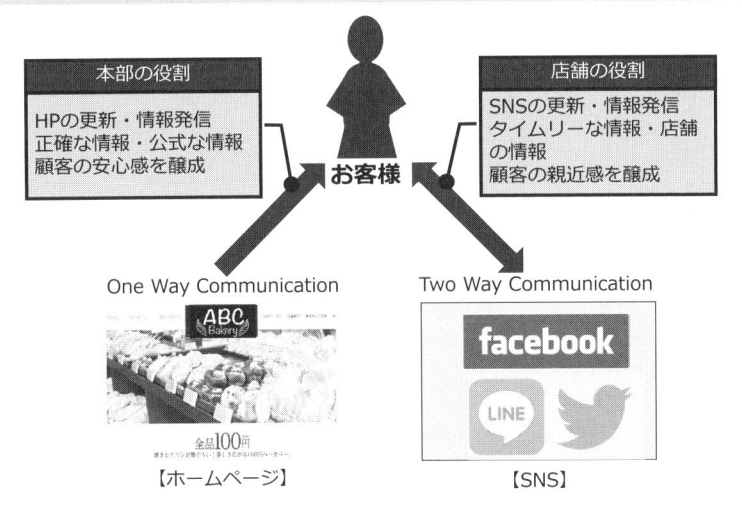

本部の役割
HPの更新・情報発信
正確な情報・公式な情報
顧客の安心感を醸成

店舗の役割
SNSの更新・情報発信
タイムリーな情報・店舗の情報
顧客の親近感を醸成

お客様

One Way Communication 【ホームページ】

Two Way Communication 【SNS】

(2) 店舗でのWEB販促の留意点

- FacebookやTwitterでは，お客様の肖像や個人情報が掲載されないように注意してください。また，お客様に不快感を与える表現や本部の意向に反する内容を掲載してはいけません。
- 個店独自のLINEクーポン配布は，店舗名，有効期間，有効商品など，お客様が混乱しないように正確に記載してください。

(3) WEB販促のポイント

項目	調査・実践項目
WEBの利用目的	なぜWEBを集客に活用するのか
ターゲット	主なターゲット
発信内容	内容(役立ち情報、クーポン、新商品案内など)
利用媒体	利用媒体(HP、SNS、WEB広告など)
作業手順	具体的な作業手順
発信頻度	いつ、どのくらいの頻度で発信するか
運用方法	どのような体制・担当で運用するか
問合せ・反響対応	反応があった場合の対応の仕方・フローなど
予算・目標値	予算や媒体活用での具体的な目標など

4 新規顧客獲得

ポイント
① 新規顧客獲得について
② 新規顧客獲得ノウハウの収集
③ 店舗タイプ別の集客方法

解　説

① 新規顧客獲得について

　新規顧客獲得のしくみをつくることは，チェーン本部の役目です。加盟店がゼロから新規顧客獲得に取り組めるよう，基本的な考え方やノウハウなどをマニュアルに記載しましょう。消費者心理や，チェーンとしてのお客様に対する考え方，強みを打ち出したアプローチ方法などのほか，店舗タイプ別の顧客特性・集客方法などを記載するとよいでしょう。

② 新規顧客獲得ノウハウの収集

　新規顧客獲得方法は，理論だけではなく，既存店舗の成功事例から収集します。これらのノウハウの積み重ねがチェーン全体の財産となります。マニュアルには，既存の集客ノウハウの有効性や価値，集客策の効果測定や改善の必要性などを記載してください。店舗自体がノウハウを活かして集客を行うことはもちろんですが，自店舗で収集したノウハウも共有しチェーン全体の業績UPにつなげることを目指す姿勢が必要であることを理解してもらえる記載を心がけてください。

③ 店舗タイプ別の集客方法

　店舗には，駅から徒歩圏内に立地する駅前型の店舗や，郊外の主要幹線道路に面したロードサイド店舗など，いくつかのタイプがあります。ターゲットや集客方法は，それぞれの店舗タイプごとに変わってきます。まずは，自チェーンが展開している店舗タイプの分類を記載して，それぞれに想定しているターゲットを記載しましょう。それに加えて，店舗タイプごとの集客の留意点や実施すべき集客策の分類を記載しておくとよいでしょう。

4 新規顧客獲得

(1) 新規顧客獲得のパターン

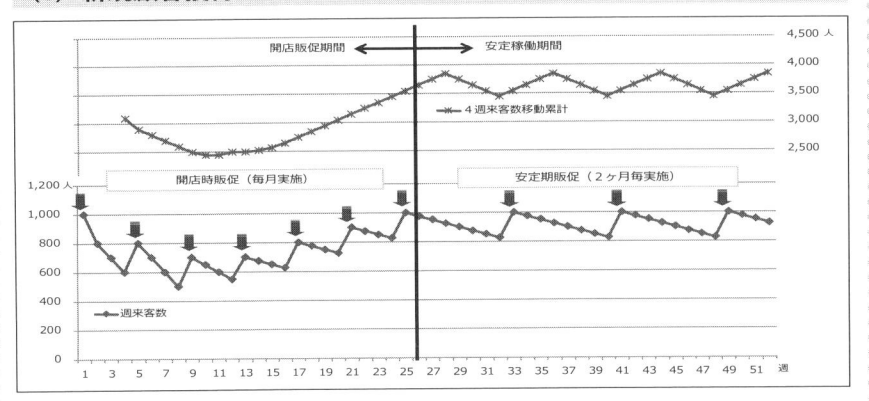

- 開店販促期間：開店から半年間，毎月エリア販促を行い，予定している集客数にまで到達させます。
- 安定稼働期間：2ヵ月に1回エリア販促を行います。エリア販促の直前期と直後期の集客数差は20％のレンジに収めるように，WEB販促や店舗内でのリピーター対策を行います。

(2) 新規顧客獲得のための具体策について

具体的な新規顧客獲得の販促手段については，店舗タイプや商圏を考慮して，本部のスーパーバイザーとともに検討します。本部では，既存店舗での実体験をもとにしたさまざまな集客ノウハウを保有していますので，個別の顧客特性に合った販促ツールや販促手段を提案します。また，具体的な新規顧客のイメージはどのようなものなのか，デモグラフィック特性やサイコグラフィック特性を加味したうえで設定します。

デモグラフィック特性
人口統計学的な属性のことで，性別，年齢別，居住地域，家族構成などです。

サイコグラフィック特性
顧客の心理面に注目した属性のことです。たとえば，「スーパーへ買い物に来たけれども，パンだけはABCベーカリーでまとめ買いしたほうがお得だから，1,000円くらい買って帰ろう」と考える主婦層などです。

5 リピーター対策

ポイント
①リピーター対策の考え方
②店舗独自の販促策について
③インターネット活用

解　説

① リピーター対策の考え方

　既存客に繰り返し来店してもらうために必要である基本的な事項について説明しましょう。たとえば，繰り返し来店してもらうためには，顧客満足度を高めることが必要であるということ，また，顧客との関連性を深め，顧客に対しての個別対応を行うことで顧客満足度が高まるということなど，リピート化を図るためにチェーンとして大切にしている考え方を共有することが重要です。

② 店舗独自の販促策について

　会員カードシステムは，チェーン全体のしくみとするほうがお客様にとっての利便性が高いため，各店舗で利用できるようなサービスを本部で構築します。商品やプレゼントの引き換えなどは，チェーン全体で収集したポイントに対するプレミアムですので，個別店舗の負担にならないようなしくみをつくる必要があります。マニュアルでは，本部と店舗間でのモノやお金の流れなどについての説明をする必要があります。

③ インターネット活用

　HPやブログ・SNSなど，インターネットによる情報発信のルールは，明確に定めておく必要があります。たとえば，HPは本部が運営・更新するので，各店舗は新着情報を本部宛に送る，店舗ごとにFacebookページを持って，常連のお客様向けに定期的な情報発信を行うなどです。近年は，従業員が安易に悪ふざけの投稿を行うことがきっかけでチェーン全体の評判が下がるという事件が起きています。店舗独自でのインターネットによる情報発信を行う場合は，投稿担当者の管理についてもマニュアルにしっかりと記載しましょう。

5 リピーター対策

(1) 新規客とリピート客の獲得コスト

　店舗の売上の80％は，20％のお客様から生まれるといわれています。繰り返し来店されるお客様への対応により，店舗の売上の大半が左右されます（パレートの法則）。

　また一般的に，新規顧客獲得にかかるコストは，リピート客の集客にかかるコストの5倍といわれています。また，5％の顧客離れを防ぐことができれば，利益は最低でも25％改善するともいわれています。店舗は，支持してくださるお客様によって成り立っていますので，繰り返しご来店いただけるような取組みを継続的に行っていくことが重要です。

(2) 具体的なリピーター対策の方法

会員カード特典

　会員カード特典のプレゼントは，20ポイントたまった際にお渡ししてください。会員様のランクごとにプレゼントの種類が違うので，必ず会員様ランクの確認を行ってください。

キャンペーンのご案内

　本部から送られたキャンペーンチラシを使用して，ご購入をされたお客様に次回キャンペーンのご案内をしてください。キャンペーンチラシを持ってこられた方には，チラシに記載の商品をお渡しするようにしてください。

Facebookの更新

　月曜日と木曜日にFacebookの更新を行ってください。店舗のFacebook更新を楽しみにしているお客様がいらっしゃいます。Facebookの更新は，お客様との関係性強化につながりますので，決められた日程でしっかりと行うようにしてください。また，従業員による非常識な投稿は，チェーン全体の評判を下げることにつながります。Facebookの担当者には，記事内容についてしっかりと指導するようにしてください。

6 固定客化対策（CRM・RFM分析）

ポイント

①CRMについて
②RFM分析について
③CRMの流れと留意点

解　説

① CRMについて

　CRM（Customer Relationship Management：顧客関係管理）とは，特定の顧客を識別し，特定の顧客との関係性を維持・向上することによって，顧客満足度の向上および売上・利益の向上を図るための選択と集中のしくみをいいます。企業間の競争激化や顧客ニーズの多様化，ICTの普及によって，顧客との関係強化や囲い込みによる顧客生涯価値（Life Time Value）の向上が一層重要になる中でCRMが重要視されるようになってきました。こちらは意義・考え方が重要ですので，マニュアルに記述してもよいでしょう。

② RFM分析について

　RFM（Recency, Frequency, Monetary）分析とは，顧客の購買履歴をもとに，優良顧客を識別するための分析手法であり，以下の3つの用語の略語です。

- R（Recency：最新購入日→最近，いつ購入したか？）
- F（Frequency：累計購入回数→どれくらいの頻度で購入しているか？）
- M（Monetary：累計購入金額→いくら支払ったのか？）

　上記指標ごとに通常は3～7の評点をつけて総合的に評価しますが，CRMにおいて特定の顧客を選定する基準としてRFM分析を用いることが一般的です。こちらも意義・考え方が重要ですので，マニュアルに記述してもよいでしょう。

③ CRMの流れと留意点

　顧客情報を収集した後はRFM分析を中心とした識別基準に従って上位の顧客を優良顧客として識別します。その際には，新規顧客，既存顧客，年間購入金額，上得意客等の識別する基準をはっきり定め，マニュアルに記述しておくことが重要です。そして，顧客を階層化した後に，最上位の上得意客から優先して，重点的な販売促進策を実施していきます。

6 固定客化対策（マッサージ業）

　我々が運営するマッサージ業では，お客様一人一人を顧（個）客として管理し，ロイヤルカスタマーへと育成し，離反しないように維持していくことが重要です。何度もご利用いただける固定客化を図るとともに，最終的には，周囲に対して良い口コミをしていただけるまで，育成していきます。

　そのための顧客管理のデータベースは，本部が一括して管理・分析し，分析結果の顧客リストを各店舗へ提供します。顧客分析は，最近の利用状況，累計利用回数，累計利用金額に応じて，それぞれ5段階にランク付けしています。

　各店舗では，そのリストを活用し，顧客ランクに応じて対応を行い，継続利用につなげてください。

　以下に，固定客化対策（ランク付け）の考え方と，各店舗で行うべき対応策の例を提示します。

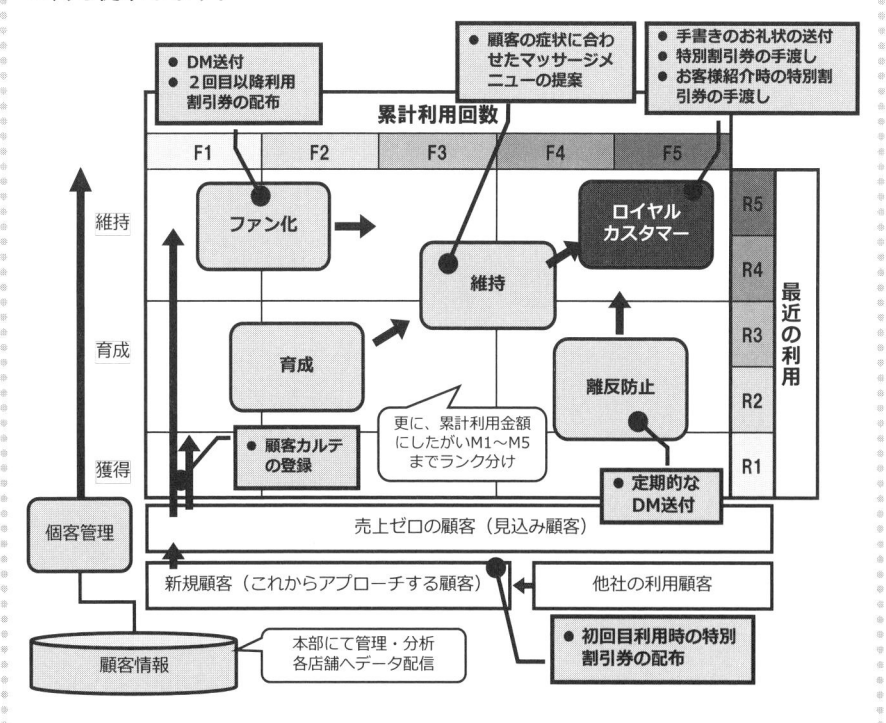

4.マーケティングマニュアル　137

第 **3** 章
本部用マニュアル

1.オープンマニュアル

1 オープン業務全体のマニュアル

ポイント
①物件選定から店舗オープンまでのすべての業務を明確にする
②担当部署を設置し，必要な書式を整備して，進行を一元管理する
③進行チェックリストを準備して，作業進行の見える化を図る

解　説

　オープンマニュアルは，物件選定から店舗オープンまでのすべての手順をマニュアル化するものです。許認可申請や届け出，内外装業者との交渉，準備すべき機器や備品，スタッフのトレーニングなど，その内容は広範にわたります。オープンマニュアルの項目例を図表3-1に記載します。

　とくにフランチャイズビジネスにおいては，本部と加盟者の業務を明確に分けて役割分担するためにも必要なマニュアルとなります。オープン作業は本部と加盟者が最初に行う共同作業であり，同時に本部の中でも多くの部署が関与し，業務進行にあたって常に各部間の調整が必要な作業になります。オープン作業でミスが生じると直ちに加盟者からのクレームの原因になるばかりではなく，本部と加盟者の間の信頼感の喪失やスケジュール変更による金銭的な負担の発生まで起こりうる業務になります。

　関連する各部がコミュニケーションを取りながら，本部と加盟店それぞれに役割を果たしていくことができるようなマニュアルとする必要があります。役割分担表の例を図表3-2に掲載します。

① すべての手順を一覧にする

　起点を「契約締結日」とし，ゴールを「店舗のオープン日」として，その間に起こるすべての作業・業務を一覧表にし，それぞれの前後関係をチャートにします。関連する部署間でのコミュニケーション手順を明確にし，オープン作業担当部署が作業進行を1つのファイルですべて管理します。

② 進行管理

　進行管理チェックリストと必要な書式を整備します。加盟店ごとにすべての

書式を1つのファイルとして保存し，チェックリストを付けてオープン担当部署が管理します。

図表3-1　オープンマニュアルの項目例

オープンマニュアル
1．営業関連
（1）FC契約締結
（2）立地調査
（3）競合店分析
（4）事業計画作成
（5）事業計画作成支援
（6）資金調達確認
2．各種許認可・届け出関連
（1）保健所への届け
（2）消防署への届け
（3）警察署への届け
（4）労働基準監督署への届け
（5）税務署への届け
3．建築関連
（1）施工計画作成
（2）施工発注
（3）研修確認
（4）店舗引き渡し
（5）セレモニー
（6）開店後チェック
4．立ち上げ業務
（1）オープンスケジュール作成
（2）開店準備票作成
（3）研修計画作成
（4）研修実施
（5）資材調達計画
（6）発注・検収
（7）インターネット回線開設
（8）システム納入
（9）システム接続

（10）	従業員採用
（11）	ユニフォーム発注
（12）	従業員教育
（13）	研修計画
（14）	開店前研修
（15）	従業員レベルチェック
（16）	再募集
（17）	開店前シミュレーション
（18）	ロールプレイング実施
（19）	調理説明研修
（20）	まとめ・試食会実施
（21）	ホールトレーニング
（22）	キッチントレーニング
（23）	クレンリネストレーニング
（24）	開店後サポート
（25）	開店レポート提出
5．商品関連	
（1）	商品計画
（2）	調理研修計画
（3）	食材発注
（4）	調達先選定・調達契約
（5）	レシピ決定
（6）	商品マスター登録
（7）	初回発注
（8）	調理研修計画・研修実施
（9）	調理確認
6．広報関連	
（1）	オープンプロモーション計画
（2）	宣伝物発注
（3）	プロモーション実施
（4）	開店セレモニー準備
（5）	アンケート実施

図表3-2　業務分担表の例

大分類	作業項目		check	担当部署				加盟者	備考
				営業部	管理	SV	店装部		
加盟相談	事業計画書案	作成		●					
		提出		●					
	投資回収計画書（案）	作成		●					
		提出		●					
加盟申込み	書類受け取り	フランチャイズ加盟申込書受け取り		●					
	請求業務	請求書の作成		●					
		領収書の手配		●					
	求人募集	グルメ＆キャリー		●				●	社員募集用
		DODA		●				●	社員募集用
		ローカル		●				●	社員募集用
資金計画	必要資金総額算出	自己資金額確認		●					
		金融機関の融資額合計		●					
		不足額充当（　　　）より		●					
		準備金額総合計		●					
		最終予算確認		●					
	月次支払いの確認	リース金額や返済額の確認		●					
物件手配	出店希望地確認	出店希望地確認		●					
	物件資料収集	物件資料収集		●			●		
	物件資料提示	物件資料提示		●		●			
	現地調査・資料作成	仮店舗レイアウトプラン作成				●	●		
		商圏の確認				●	●		
		席数の設定				●	●		
		回転率の設定・売上シミュレーション				●	●		
	初期投資額算出	建築概算見積もり・初期投資額算出		●					
	ROIの確認	投下資金回収率（ROI）の確認		●					
	出店可否判断	出店可否判断		●		●	●		
	加盟者へ提示	店舗設計プランの提示				●	●		
物件契約	契約準備	商圏の承認（加盟者）						●	
		手付け金、保証金の準備（登記簿謄本の確認）						●	
		物件申込書の作成		●					
	各種書類準備	会社謄本						●	
		実印・印鑑証明1通（本人・保証人各1通）						●	
		収入印紙（200円分）						●	
		住民票（家主が要求している場合のみ）						●	
	契約書受取	物件契約書の写し受取・ファイリング		●					
資金調達	調達先決定	調達先を決定		●					
	各種書類準備	事業計画書		●	●				
		施工見積もり		●			●		施工業者へ依頼
		什器見積もり		●	●				借入額によって調整
		備品見積もり		●					借入額によって調整
		借り入れ申込書		●					
	確認	総借入額確認		●					
店舗設計	内外装	店舗物件鍵受け取り		●					店舗契約後すぐ
		設計契約の締結						●	店舗契約後すぐ
		設計士に店舗計測・設計依頼		●			●		
		内外装レイアウト確認		●			●	●	設計期間目安：1週間
		最終レイアウト確認					●	●	初期レイアウトから2週間以内で
	厨房	レイアウトの打ち合わせ				●	●		トレーナーと打合せ
		導入機器決定				●			決定機器を設計士へ連絡
		見積もり提示				●			
		発注業務		●					加盟者からの発注書確認後、厨房業者へ

1. オープンマニュアル　143

2 フローチャートとスケジュール管理

　下図は，オープン業務の流れを表したフローチャートです。自社のオープン業務の流れに応じてフローチャートを作成します。このことで，オープン業務の全体像を把握することができ，オープン業務に関わる全担当者が同じ意識を持って業務を進めることができます。

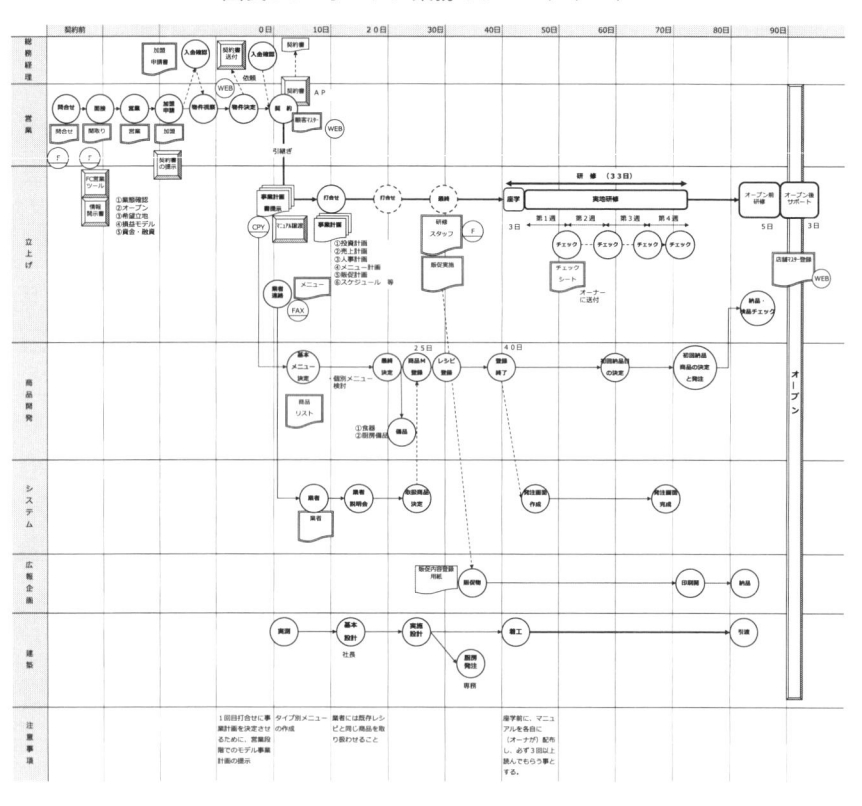

図表3-3　オープン業務のフローチャート

　前述のフローチャートを，具体的なスケジュールに落とし込んだものがスケジュール管理フロー（図表3-4）となります。スケジュール管理フローの特徴は，カレンダーに予定がセットされていることです。また，部門間の業務の関連性，タスクの前後関係がわかるようになっています。

オープン業務担当者はこのチャートを見ながら進行を管理します。

図表3-4　スケジュール管理フロー

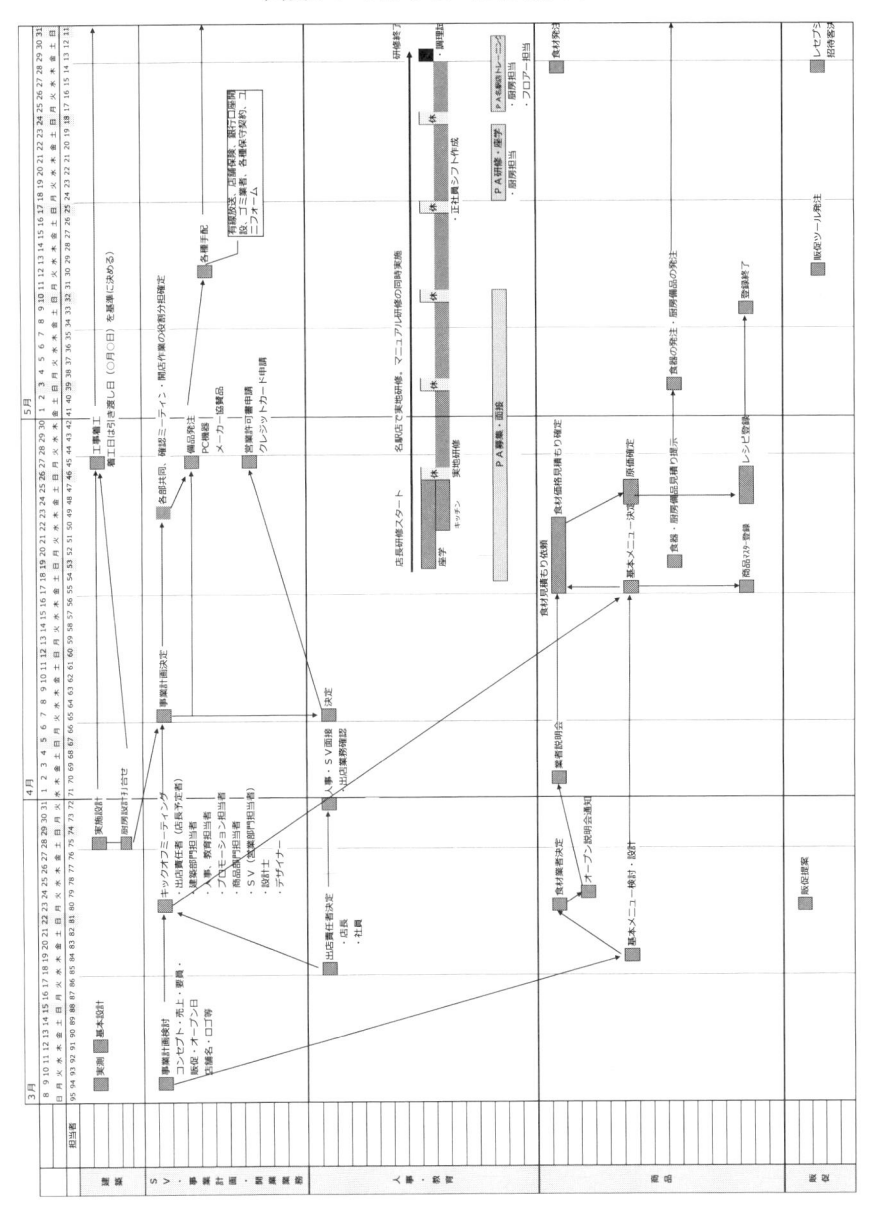

1.オープンマニュアル　145

3 立地評価マニュアル

ポイント
①フランチャイズ本部にとって立地評価の標準化は絶対に必要
②本部は店舗としての必要条件を満たしているかどうか，その物件で事業が成立するかどうかを判断し，出店の許諾を決定する

解　説

　フランチャイズ本部が加盟店に対して出店を許諾するかどうかを判断するための業務が「立地評価」です。売上予測を加盟者に提示するかどうかはシステム上の問題ですが，出店を許諾するかどうかは本部自身の判断となります。

　適正な立地での開業は事業リスクを軽減し，成功確率を高めます。逆に，好ましくない立地でのオープンで加盟店の事業リスクが増加することは，フランチャイズ本部としての事業そのもののリスクとなります。

　立地評価の方法はさまざまなものがありますが，絶対に必要なことは，以下の2つを標準的な方法で行うことです。

【設備要件】
その物件が店舗として必要な要件を備えているかどうかの判断
【立地条件】
立地条件として開業を認めてよいかどうかの判断

図表3-5　立地評価表の見本

◆候補物件評価表◆

物件名												

評価項目				項目	点数	採点内容						
市場評価	ポテンシャル調査	最寄駅調査	駅乗降客数	A-1		5、50万人以上	4、20万人以上	3、10万人以上	2、5万人以上	1、5万人以下		
			昼間人口（半径500m圏内）	A-2		5、7万人以上	4、6万人以上	3、5万人以上	2、4万人以上	1、4万人以下		
			小売販売額（半径500m圏内）	A-3		5、3,000億以上	4、2,000億以上	3、1,500億以下	2、1,000億以下	1、500億以下		
			1飲食店当り夜間人口（半径500m圏内）	A-4		5、15人以上	4、10人以上	3、5人以上	2、3人以上	1、3人以下		
			事業所数（半径500m圏内）	A-5		5、4,000以上	4、3,500以上	3、3,000以上	2、2,500以上	1、2,500以下		
		周辺店舗客入り状況	平日 18時～20時	A-6		5、8割以上	4、6割以上	3、5割以上	2、3割以上	1、3割以下		
			平日 21時～22時	A-7		5、8割以上	4、6割以上	3、5割以上	2、3割以上	1、3割以下		
			平日 22時～23時	A-8		5、7割以上	4、6割以上	3、5割以上	2、3割以上	1、3割以下		
			金曜 18時～20時	A-9		5、8割以上	4、6割以上	3、5割以上	2、3割以上	1、3割以下		
			金曜 21時～22時	A-10		5、8割以上	4、6割以上	3、5割以上	2、3割以上	1、3割以下		
			金曜 22時～23時	A-11		5、8割以上	4、6割以上	3、5割以上	2、3割以上	1、3割以下		
			土曜 18時～20時	A-12		5、9割以上	4、8割以上	3、7割以上	2、5割以上	1、5割以下		
			土曜 21時～22時	A-13		5、8割以上	4、6割以上	3、5割以上	2、3割以上	1、3割以下		
			土曜 22時～23時	A-14		5、8割以上	4、6割以上	3、5割以上	2、3割以上	1、3割以下		
			日曜 18時～20時	A-15		5、8割以上	4、6割以上	3、5割以上	2、3割以上	1、3割以下		
			日曜 21時～22時	A-16		5、8割以上	4、6割以上	3、5割以上	2、3割以上	1、3割以下		
			日曜 22時～23時	A-17		5、7割以上	4、6割以上	3、5割以上	2、3割以上	1、3割以下		
	通行人調査		来街目的	A-18		5、飲食目的強い		3、まあまあ有り	2、	1、飲食目的皆無		
			歩行スピード	A-19		5、遅い	4、	3、普通	2、	1、早い		
		通行量	平日 18時～21時	A-20		5、1,000以上	4、750以上	3、500以上	2、250以上	1、250以下		
			平日 21時～24時	A-21		5、750以上	4、500以上	3、250以上	2、150以上	1、150以下		
			金曜 18時～21時	A-22		5、1,000以上	4、750以上	3、500以上	2、250以上	1、250以下		
			金曜 21時～25時	A-23		5、750以上	4、500以上	3、250以上	2、150以上	1、150以下		
			土曜 18時～21時	A-24		5、1,000以上	4、750以上	3、500以上	2、250以上	1、250以下		
			土曜 21時～24時	A-25		5、750以上	4、500以上	3、250以上	2、150以上	1、150以下		
			日曜 18時～21時	A-26		5、1,000以上	4、750以上	3、500以上	2、250以上	1、250以下		
			日曜 21時～24時	A-27		5、750以上	4、500以上	3、250以上	2、150以上	1、150以下		
建物評価	動線調査		飲食ゾーンの位置	A-28		5、最高立地	4、	3、まあまあ	2、	1、最低立地		
			駅からのアクセス・メインからのアクセス	A-29		5、最高良い	4、	3、まあまあ	2、	1、遠すぎる		
	視認性調査		店前道路	A-30		5、良く見える	4、	3、難有り	2、	1、見えない		
			メイン通りからの視認性	A-31		5、良く見える	4、	3、難有り	2、	1、見えない		
	建物調査		面積	A-32		5、30坪～25坪	4、24～20坪	3、19坪～15坪	2、35坪以下	1、15坪以下		
			天高	A-33		3、5m以上		2、3m以上		1、3m未満		
			入居ビルの優劣	A-34		3、新築・好印象		2、好印象		1、古く・不衛生		
			店舗間間口	A-35		3、広い		2、普通		1、狭い		
			看板状況	A-36		3、大きさ十分・全て揃う		2、全て揃う		1、交渉の余地有り		
			エントランス状況	A-37		3、非常に良い		2、良い		1、良くない		
			店舗前道路状況（歩道幅員）	A-38		3、8m以上		2、4m以上		1、2m以下		
競合評価	他社調査		競合店舗数（200m圏内同業態店舗数）	A-39		5、1店舗	4、2～3店舗	3、4～5店舗	2、6～8店舗	1、9店舗以上		
			競合店舗間距離	A-40		5、	4、	3、	2、	1、		
			競合度評価	A-41		5、	4、	3、	2、	1、		
			自店優位性	A-42		5、	4、	3、	2、	1、		
	小　計				0							

立地評価 ※200点満点	A	最高立地	180点以上
	B	要検討	●～●点
	C	要検討	●～●点
	D	出店不可	●点以下

立地評価とは「空間をトータルにとらえる概念」です。立地評価表を作成する際には，顧客の来店行動に影響を及ぼすさまざまな空間情報を体系立てて整理します。空間情報を体系的にとらえるには，「商圏＝面」「動線＝線」「地点＝点」の3次元の視点で，各々の業態に即した項目を設定することが重要です。

① 商圏評価＝面
- 事業が成立するだけのマーケットボリュームが存在するか
- 事業の性格に合ったマーケット特性を持っているか

② 動線評価＝線
- 候補地は商圏内の動線に沿っているか（その動線の太さは太いか）
- 商圏内のお客様は候補地に近づきやすいか（周辺に障害物はないか）

③ 地点評価＝点
- 物件自体は当該事業に適用できる規格（大きさ・形）か
- 物件自体の視認性や道路付きはよいか

図表3-6　立地評価の3視点

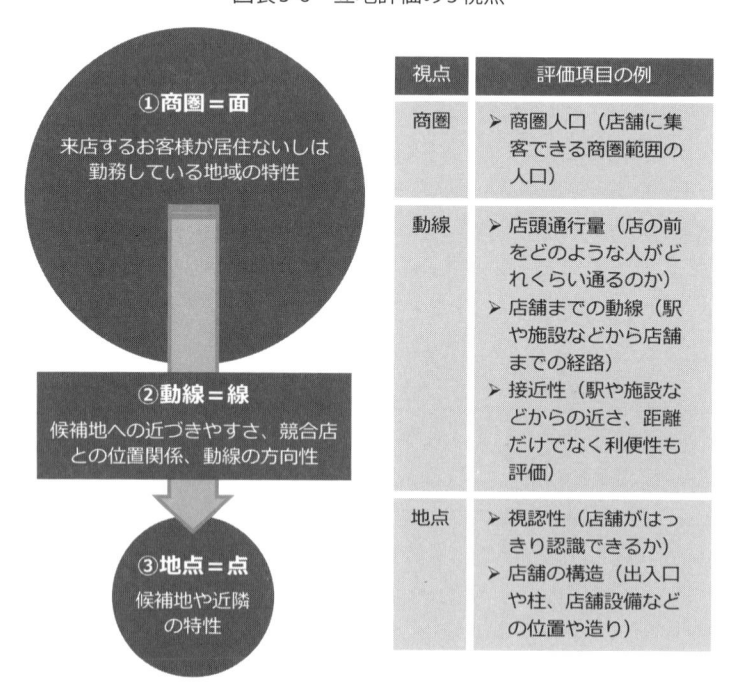

①商圏＝面
来店するお客様が居住ないしは勤務している地域の特性

②動線＝線
候補地への近づきやすさ、競合店との位置関係、動線の方向性

③地点＝点
候補地や近隣の特性

視点	評価項目の例
商圏	➢ 商圏人口（店舗に集客できる商圏範囲の人口）
動線	➢ 店頭通行量（店の前をどのような人がどれくらい通るのか） ➢ 店舗までの動線（駅や施設などから店舗までの経路） ➢ 接近性（駅や施設などからの近さ、距離だけでなく利便性も評価）
地点	➢ 視認性（店舗がはっきり認識できるか） ➢ 店舗の構造（出入口や柱、店舗設備などの位置や造り）

そして，体系立てられた立地評価項目ごとに，本部としての標準的な立地基準を数値で持つことが重要です。

スタートアップ期の本部では分析できる既存店舗数が少なく，新店の立地評価は創業者や立地調査担当者の経験則で行うケースがほとんどですが，既存店が増加すれば数値データに裏づけされた立地評価基準を持つことが可能になってきます。

まずは，それまで出店した既存店（直営・フランチャイズ）について，前述の立地評価項目ごとに実データを収集・整理し，「平均」「最大」「最小」などの基本統計量を算出することから始めることが肝要です。そうすれば，最初は経験（アナログ）的にしかとらえられていなかった基準が，きちんと（デジタル）データとして裏づけされてきます。

下表は20店舗程度のサンプル数で基本統計量を算出した例です。平均値・中央値などを算出することで，チェーンとして満たしておかなければならないおおよその立地基準が，数値データとして浮かび上がってきます。

図表3-7　立地評価基準の例

立地評価項目	最小値	25パーセンタイル	平均値	中央値	75パーセンタイル	最大値	設定された基準値
最寄駅（メイン）乗降客数	3,142	52,968	98,427	72,309	115,275	282,772	70,000 以上
人口総数（500m圏）	6,461	10,320	12,478	12,595	14,391	19,075	12,000 以上
女性人口	3,023	5,222	6,238	6,518	7,338	9,009	6,500 以上
昼間人口総数	4,891	9,482	13,724	11,124	14,702	39,836	12,000 以上
昼間人口女	3,036	5,431	7,242	6,504	7,957	17,349	6,500 以上
65歳以上人口	874	1,337	1,895	1,711	2,404	3,012	2,000 以下
ターゲット人口	1,230	2,523	3,044	3,027	3,497	5,131	3,000 以上
単身世帯数	1,505	2,074	3,195	3,031	3,642	6,318	3,000 以上
事業所数	279	586	909	786	1,110	2,592	800 以上
世帯数	3,153	4,981	6,327	6,364	7,356	10,685	6,000 以上
昼間生徒・学生数総数	175	652	1,500	1,295	1,629	7,416	1,500 以上
昼間生徒・学生数女	12	320	713	655	856	2,210	750 以上
ターゲット人口比率	19.0%	22.7%	24.3%	24.6%	26.2%	28.5%	25.0% 以上
駅からの距離（m）	20	35	97	60	170	250	100 以下
店前歩道幅（m）	0.5	1.9	2.9	2.3	3.8	7	2.5 以上

2. スーパーバイジングマニュアル

1 スーパーバイジングの基本

ポイント
① スーパーバイザーの心構えと責任を示す
② スーパーバイザーが備えるべき知識や資質を定義する
③ スーパーバイジングマニュアルの構成を整理する

解 説

スーパーバイジングマニュアルの作成と運用の前提として、スーパーバイザーの基本的な能力や心構えを定義し、スーパーバイザーとして登用されるまでの教育プログラムを整備することが重要です。標準化された教育プログラムを終了し、チェーンとして期待される一定の能力を備えた人材だけがスーパーバイザーとして登用される必要があります。

① スーパーバイザーの心構えと責任を示す

スーパーバイザーとは、加盟者が本部の経営理念や方針に従って、チェーンとして標準的に求められる一定レベルの店舗運営を実現するとともに、個々の加盟店の店舗運営状態、経営状態、立地環境の変化や競合関係の状況を継続的に評価・分析し、適切な指導・助言を行うことによって、加盟店の繁栄とチェーンの発展を実現するものです。

a. スーパーバイジングの目的
- 店舗の状態がチェーンの求める基準を満たしているかチェックする
- チェーンの基準からのズレを具体的事実として明確にする
- ズレを修正し、基準に合わせるように指導をする
- 指導の内容、結果を記録に残す

b. スーパーバイザーの役割
- 本部の方針への理解の形成
- 本部の方針への納得の形成
- 本部の方針の実現
- 本部との信頼関係の構築

② スーパーバイザーが備えるべき知識や資質を定義する
　a. スーパーバイザーに求められる知識
- 自社のフランチャイズシステム（契約書等を含めて）を理解していること
- 店舗運営に係る業務に習熟しており，店長業務をこなせること
- 店舗経営について一定の実績があり，店舗の問題解決手法を習得していること
- コミュニケーション手法を取得していること

　b. スーパーバイザーに求められる資質
- 自分より年齢の高い加盟店経営者と良好な関係を構築できるコミュニケーション能力
- オペレーションマニュアルを正確に受け入れ，自分自身の判断基準とできる親和性
- オペレーションマニュアルの実現に対して妥協しない厳格性
- 環境変化に対応するために継続的に行われるオペレーションマニュアルの変更に追随できる柔軟性
- 変則的な勤務時間に対応できる体力
- 自分の仕事によってチェーンの質が決まるという責任感を自らの支えとする使命感

③ スーパーバイジングマニュアルの構成を整理する
　スーパーバイジングマニュアルは，上記のような基本的な考え方，スーパーバイザーに求められる要件といった項目に加えて，店舗をチェックするための計数面の知識や問題解決手法，実際の店舗でのスーパーバイジングの進め方やコミュニケーション技法，ということになります。
- スーパーバイザーの使命・活動の目的・役割・求められる資質・身につけるべき能力
- 計数管理の目的，数値の意味，基準，課題抽出・解決の方法
- 加盟店訪問業務の進め方，計画，訪問時の業務，報告
- コミュニケーション手法

2 スーパーバイジングの実践

ポイント
①スーパーバイザーとして習得すべき計数管理技術を示す
②オペレーションマネジメントとして必要な問題解決技法を示す
③店舗指導に必要なコミュニケーション技法について解説する

解説

　スーパーバイジングの効果は，収益性や生産性の向上に収斂されます。そのような数値的な指標を用いて店舗を指導するためにも，スーパーバイザーには高度な計数管理技術が求められます。また，理想的な数値目標を達成するための手段として，具体的な現場でのオペレーション改善の手法も熟知しておく必要があります。そして，店舗責任者やスタッフを効率機に稼働させるためのコミュニケーション能力も求められます。

① スーパーバイザーとして習得すべき計数管理技術を示す

　スーパーバイザーの計数管理の基本は，「入るを増やし出るを制す」ということにつきます。「入るを増やす」とは売上を上げること，すなわち「売上＝客単価×客数」の計算式の中で客単価や客数を上げることが計数管理技術となります。また「出るを制す」とはコストを削減すること，すなわち変動費＝原価率を下げることと，固定費＝主には人件費などのコストをコントロールすることが計数管理技術となります。

　また，計数管理のための指標により各店舗の運営効率をチェックします。標準値と比較して異常値が出た場合は，その原因を追究し，本部のスーパーバイザー会議等で対策を検討しなくてはいけません。

図表3-8　スーパーバイザーが管理すべき指標の例

	項目	計算方法	説明
売上管理	坪当たり売上高	売上高÷売場面積	・坪当たり売上高を他店と比較して効率的な店舗運営を図る
	回転率	客数÷席数＝1.2回転以上	・適正な運営がされているか ・高すぎると店舗の荒れにつながる
人件費管理	労働分配率	粗利益÷総人件費＝50％以下	・稼いだ利益に対して人件費がどのくらいかかっているか
	人時売上高	売上高÷シフト総時間＝3,500円以上	・デイリーの人件費管理の評価基準 ・日によってバラツキがないか ・数値が高すぎると店舗の荒れにつながる
	人時接客数	来店客数÷シフト総時間＝3人以上	
	損益分岐点売上高	固定費÷（1－変動比率）	・営業活動をしていて利益も損失も発生しない売上高 ・収支トントンの売上高

図表3-9　経営数値定義の例

区分	標準数値	数値達成のポイント
売上高	100％	・サービスの提供代金の総額
仕入原価	30％	・ロス管理、仕入管理を行い30％以下に抑える ・低すぎる場合は、アンダーポーション（使用食材をレシピ以下にすること）の疑いがあるので、必ずチェックすること
人件費	28％	・売上予測に合わせた適正なワークスケジュールの作成 ・この数値が低すぎるとサービスの荒れの原因となる
水光熱費	3.5～4.0％	・FLコストの次に、売上に対する構成比が高く管理が必要 ・異常値の発見と、その原因追求、対応
販促費	2～3％	・割引チケットや、商品サービス等、値引きのすべてを含む ・販促結果を記録し、費用対効果を高めていくこと
消耗品	0.5％	・各種備品は大切に使う心構えが大切
賃料	7.0～10％	・家賃、管理費、駐車場代を含めて標準値になるように
雑費・その他	5.0％	・異常値がでた場合は、その原因追求をすること
営業利益	20.0％	・目標を下回るときは、その原因を把握し本部で対応策を検討する

2. スーパーバイジングマニュアル　153

② オペレーションマネジメントとして必要な問題解決技法を示す

　基本的な問題解決技法としてロジカルシンキング=論理的思考法を習得する必要があります。ロジカルシンキングの詳細は別の機会を待つとして，基本的にはスーパーバイザーにとって必要な「考える力」を向上させる技法となります。現場ではさまざまな問題が発生していますが，スーパーバイザーは店舗マネージャーやフランチャイズオーナーとは違う切り口，視点で現象をとらえるからこそ，問題解決の糸口が見つかるのです。

　基本的には，問題解決は問題を発見し原因を見つける「Why=なぜ?」の段階と，その特定された原因を解消していく「How=どうやって?」の段階に分かれます。また，現場ではやるべきことが多すぎて何から手をつけてよいかわからない状態にあることが多いものです。そういう時には，何から手をつけていけばよいかという，「優先順位付け」を行うことも，スーパーバイザーの重要な役目となります。

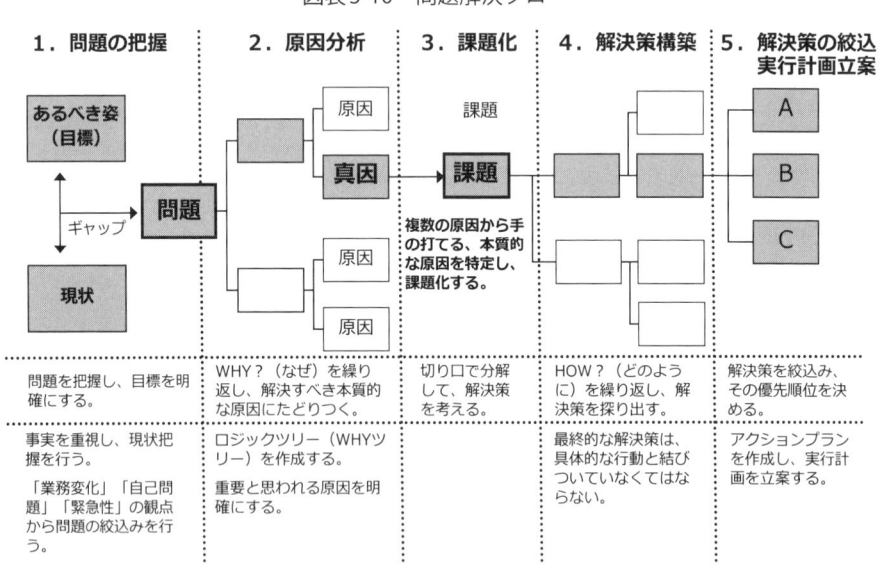

図表3-10　問題解決フロー

1．問題の把握	2．原因分析	3．課題化	4．解決策構築	5．解決策の絞込 実行計画立案
問題を把握し、目標を明確にする。	WHY？（なぜ）を繰り返し、解決すべき本質的な原因にたどりつく。	切り口で分解して、解決策を考える。	HOW？（どのように）を繰り返し、解決策を探り出す。	解決策を絞込み、その優先順位を決める。
事実を重視し、現状把握を行う。「業務変化」「自己問題」「緊急性」の観点から問題の絞込みを行う。	ロジックツリー（WHYツリー）を作成する。重要と思われる原因を明確にする。		最終的な解決策は、具体的な行動と結びついていなくてはならない。	アクションプランを作成し、実行計画を立案する。

図表3-11　課題解決ルーチンの例

```
経営課題─┬─売上高──┬─客数───┬─接客レベル──●雰囲気
         │         │        │            ●オーダー
         │         │        └─店舗力────●クレンリネス
         │         │                     ●店舗環境の演出
         │         │                     ●告知力
         │         └─客単価─┬─商品力────●メニュー開発力
         │                  │            ●新メニュー投入
         │                  │            ●目玉メニューの存在
         │                  │            ●季節メニューの導入
         │                  └─接客──────●メニュー説明
         │                               ●リードタイム
         │                               ●適切な商品追加
         ├─原価率──┬─ロス管理──────────●棚卸しのチェック
         │         │                    ●歩留まり管理
         │         │                    ●発注体制のチェック
         │         └─商品構成──────────●主力メニューの原価
         │                               チェック
         │                              ●高利益商品の投入
         └─人件費──┬─労働時間のチェック─●P/A人員数の適正化
                   │                    ●P/A適正シフト見直し
                   │                    ●P/A作業レベル確認
                   ├─店長の管理技術────●売上変動に合わせた人
                   │                     件費コントロール技術
                   │                    ●指導技術
                   └─人事管理──────────●P/Aの定着率チェック
                                        ●店主導のシフト管理
                                        ●店長とスタッフの関係
```

　スーパーバイザーは，明確な目標を持って加盟店舗を訪問し，店舗チェック，店舗指導を行います。

　図表3-12は，スーパーバイザーが作成する月次計画書の例です。店舗別に月次目標を設定し，課題を抽出，目標達成のための道筋を計画します。この計画書は，店舗責任者と目標を共有し，課題解決に向けての共同作業を行うための基盤になります。訪問時のチェックで，実施状況・成果を確認し，新しい課題発見に向けて店舗責任者との意思疎通を図るツールでもあります。

図表3-12　スーパーバイザー月次計画書

ABCベーカリー　　〇〇〇〇　店　〇〇　坪　〇　席

【　月度　】　　　アクションプランシート

記入日：平成〇〇年〇月〇日
店長名：〇〇
SV担当者：〇〇

今月の目標（数値で具体的に）

売上目標〇〇〇万・・・日当り〇〇万〇千円（客数〇〇名）の達成

具体的目標設定

□ 販売	□ 客単価〇〇〇円必達の積極トーク・・・（ドリンク、デザート等）
	□ 常連様獲得のためのスタンプカードの積極的案内・・・日当たり〇名
□ 製造	□ ロス低減のための過剰解凍削減
	□
□ クレンリネス	□ ステン部分の拭き取り・・・習慣化
	□ 入り口周辺の整理（営業中も含む）・・・放置自転車、ごみの整理
□ 販促	□ 店前ちらしの効果的な配布
	□ 打ち出し（アピール）方法の多様化→時間帯、曜日により変更
□ その他	□

アクションプラン

第1週（　/　～　/　）	第2週（　/　～　/　）	第3週（　/　～　/　）	第4週（　/　～　/　）

営業日数	売上管理	来店客数	人件費管理	原価管理

臨店日		訪問時間	
混雑状況		天気	

モニターチェック点数

入店	/	活気	/
オーダー	/	料理	/
会計	/	清潔度	/
心配り	/	業務項目	/
総合項目	/	総合得点	/
顧客満足度		ランク	

今月度の臨店内容と決定事項

営業時間変更告知

商品の打ち出し（店舗入り口に設置、手書き等店舗に入らなくても商品がわかるものを作成）

〇月期限販促チラシの完全配布

〇月末キャンペーンの落とし込み（メロンパン180円、店舗前告知のみ）による集客→キャパの測定を兼ね、媒体費をかけない1次販促

今月の実績と反省（数値で具体的に）

---

③ 店舗指導に必要なコミュニケーション技法について解説する

　スーパーバイザーには，教師＝ティーチャーとしての行動よりも，コーチとしての役割が求められる場合が多いといえます。それは，スーパーバイザーが指導する対象者は，直営店であれば店舗マネージャー，フランチャイズ店舗で

あればマネージャーかフランチャイズオーナーということになり，一定の店舗オペレーションレベルがある人物だからです。

一方的にスーパーバイザーが教えるスタンスになってしまうと，相手は聞く耳を持たないこともあるでしょうし，あるいは本部に頼りっぱなしになってしまって店舗でのオペレーションスキルが上がらないということにもなりかねません。スーパーバイザーとしては，問題解決の答えを教えるだけではなく，当事者たちから答えを引き出す，という考え方で，現場とコミュニケーションをすることが望まれます。

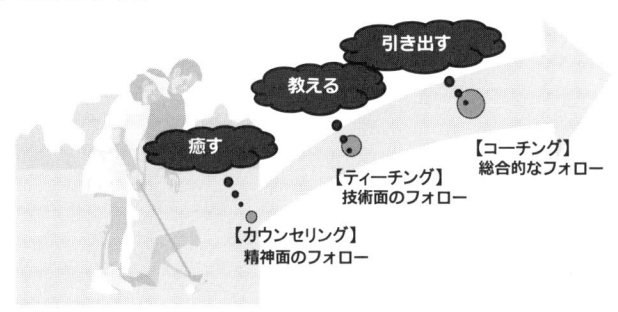

引き出す
教える
癒す
【カウンセリング】
精神面のフォロー
【ティーチング】
技術面のフォロー
【コーチング】
総合的なフォロー

図表3-13　心理状態を把握するポイント

心理状態	よく出てくる言葉	見た目の様子
行動状態	・具体的な解決策を求める ・それをやることによる効果やメリットを知りたがる ・「早く〜してくれ」という ・こちらの提案やアドバイスに対し，肯定／否定がハッキリしている	・意欲的で目が輝いている ・迫力がある ・身を乗り出して話す
可動状態	・「それはそうなんだけど…」という ・言い訳が多い ・「わかってますよ」という ・Yes/Noをはっきりいわない ・「うーん…」という	・腕組みをする ・動きが遅い ・後にそりがちに話を聞く ・しゃべり方が遅い
不安状態	・「参ったなぁ」という ・ため息をつく ・声が小さい ・「それどころではないんですよ」という ・今話していることに関係ない話をしだす ・悲観的な話をする	・うつむきがち ・うわの空 ・表情が暗い ・顔やカラダのどこかを常に触っている ・動きが少ない
精神障害	・話が支離滅裂 ・恐怖感を訴える ・異常に依存する ・非現実的な話をする	・目に落ち着きがない ・目が据わっている ・声や体が震えている

3.加盟店開発マニュアル

① 加盟店開発の考え方

ポイント
①加盟店開発がフランチャイズ事業のスタートであることを理解する
②加盟店開発の手法別のメリット・デメリットを理解する
③加盟店開発コストを見積もり，事業計画を立案する必要がある

解　説

　加盟店開発マニュアルはいかにして加盟希望者を募りフランチャイズ契約締結にまで至らしめるか，というマーケティングのノウハウを書き記したものになります。ですから，フランチャイズ事業を開始したばかりの本部は，加盟店開発マニュアルに記載できるようなノウハウを収集すべく，加盟店開発マーケティングのPDCAを回していくことが大切です。

① 加盟店開発がフランチャイズ事業のスタートであることを理解する

　フランチャイズ事業を始めるにあたっては，フランチャイズ契約書の作成や膨大なマニュアル類の整備というフランチャイズパッケージの構築にエネルギーの大半を使い果たし，フランチャイズ加盟募集開始以降のマーケティングプランが疎かになっている事例も少なくありません。フランチャイズ事業においては，フランチャイズ加盟者募集が，あくまでも事業のスタートラインである，ということを肝に銘じる必要があります。

　また，フランチャイズ加盟募集を始めたからといって，いきなり引く手あまたに加盟希望者が現れるわけではありません。多くの場合，フランチャイズ事業で使用するブランドの知名度がまだ低く，一般の人がフランチャイズ加盟に触手を伸ばすまでには至りません。限定的な地域で著名なブランドである場合は，事業をいきなり全国展開せず限られた範囲の中で加盟希望者を募るという，ドミナント戦略も重要な要素となってきます。

② 加盟店開発の手法別のメリット・デメリットを理解する

　加盟店開発では，開発に関わるすべての業務を自社で行うのではなく，一部の業務については外部のアライアンス先に委託するケースが多いです。しかし

ながら，加盟店開発はフランチャイズ事業の重要な活動になりますから，どこまでの業務範囲を外部に委託するかという選択が重要になります。

本部は業態のブラッシュアップのみを行い，加盟店開発はすべて専門業者に委託するという方法もあります。この方法では本部は業態の開発や運営のノウハウを蓄積することに集中でき，また加盟開発は専門業者の持つネットワークを利用して行えるので，効率がよく事業の展開スピードが速くなります。

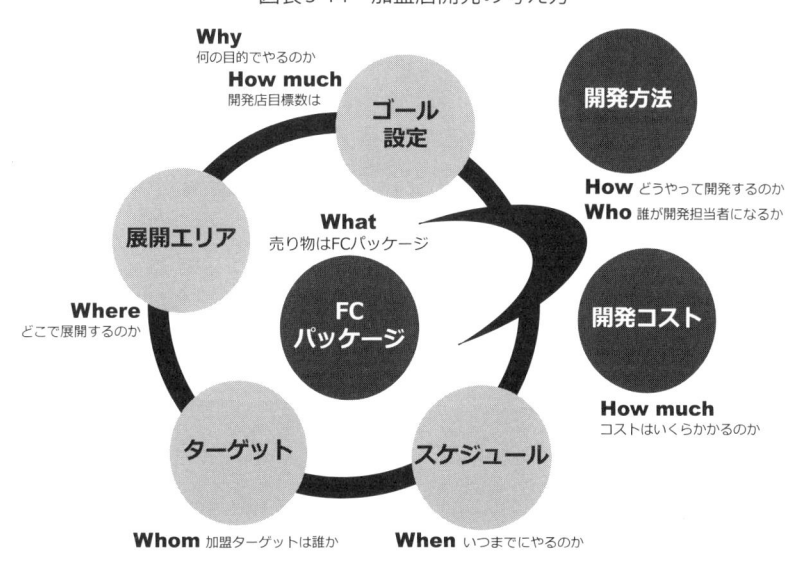

図表3-14　加盟店開発の考え方

- Why　何の目的でやるのか
- How much　開発店目標数は
- ゴール設定
- 開発方法
- How　どうやって開発するのか
- Who　誰が開発担当者になるか
- What　売り物はFCパッケージ
- 展開エリア
- Where　どこで展開するのか
- FCパッケージ
- 開発コスト
- How much　コストはいくらかかるのか
- ターゲット
- Whom　加盟ターゲットは誰か
- スケジュール
- When　いつまでにやるのか

しかしながら，加盟店開発業者とは契約が成立すればコミッションを支払う成功報酬型の提携関係を結ぶことが多いため，加盟店開発業者の募集トークはつい過剰になりがちです。この問題は後に，現実以上に儲かるような話をして加盟契約を締結させたという，「欺瞞的勧誘」に抵触するという判断をされるケースもありますので，注意しなければなりません。

③ **加盟店開発コストを見積もり，事業計画を立案する必要がある**

このように加盟店開発のハードルは決して低くなく，フランチャイズ本部としては早期に加盟店第1号を開業させる，というのが大きな指標となります。加盟店第1号が開業するまでには，加盟店募集の広告宣伝費，本部スタッフの

人件費などのランニングコストがかかります。また加盟店開発代行会社に委託するにしても，成功報酬で加盟金の何％かは成功報酬として支払わなければなりません。ですから，どの時点で先行投資分を回収し，加盟店が何店舗になった時点から利益が生まれ始めるのかといった，中期的な事業計画を作成する必要があります。

2 加盟店開発マニュアルの構成

ポイント
①フランチャイズ契約書，法定開示書の詳細説明を理解する
②営業段階でのNGトーク，法的課題・責任を明確にする
③営業ツールとその使い方を明示する
④展示会，事業説明会，さまざまな媒体の活用，費用，準備手順を標準化する

解　説
　フランチャイズビジネスが加盟店開発を目標とするビジネスであることから，加盟店開発業務はフランチャイズビジネスの基幹業務の1つです。この業務を行うためには，自社のフランチャイズパッケージの内容を十分理解するとともに，自社の展開している事業そのものに対する理解も重要です。これは，店舗開発担当者は店舗勤務の経験を持ち，自社ビジネスに精通していることが望ましいということです。

　フランチャイズ加盟店開発にあたっては，立地評価をどのタイミングで行うかということも重要な要素になります。

　「店舗物件が決まっていないと加盟契約を認めない」というパッケージの場合は，立地評価はフランチャイズ加盟契約締結の前に行うことになりますから，加盟店開発担当者の所轄業務となります。

　「フランチャイズ契約締結後，加盟社は店舗物件を探して開店する」というパッケージの場合は，立地評価は出店の可否を判断するためのもので，店装部（建築部）かスーパーバイザー部門の仕事になります。

　前者の場合は，加盟店開発マニュアルの中に立地評価が含まれることになります。

加盟店開発営業にあたっては，法令順守も重要な課題です。営業担当者が定められた手順に従って正しい営業活動を行うようにしなければなりません。虚偽の情報を加盟希望者に提示したり，欺瞞的な勧誘を行ったりするようなことは固く禁止しなければなりません。また，必要な情報を定められたタイミングに，所定の方法で加盟希望者に告知，手交したかどうかをチェックするチェックリストも整備する必要があります。

図表3-15　加盟店開発マニュアルの構成例

加盟店開発マニュアル
１．告知活動
２．問い合わせ対応
３．資料送付
４．加盟希望者フォロー
５．商談
６．加盟申し込み
７．資金計画支援
８．店舗開発
９．加盟契約締結

図表3-16　必要な付属文書の整備

文書	目的	必ず準備する資料	できれば準備する資料
FC契約書	顧客提示・社員用	○	
法定開示書	顧客手交・社員用	○	
FC契約書解説	社員用	○	
FCシステム概要説明書	顧客提示・社員用	○	
会社概要	顧客提示・社員用	○	
契約手順説明書	顧客提示・社員用	○	
開業までの手順	顧客提示・社員用	○	
投資計画の概要	顧客提示・社員用	○	
契約のための準備書類	顧客提示	○	
リスク開示書	顧客提示・社員用		○

図表3-17　契約手順の見本

①事業説明会

- 事業計画書の説明
- 事業モデルの説明
- 契約書等の見本の貸与

✓ 事業計画、事業モデル、事業シミュレーションの詳細を説明後、質疑応答等で十分に内容を理解する。
✓ それぞれの義務、権利、責任を明確にした上で加盟契約への申込み判断をおこなう。
✓ 収益、売り上げの保証を本部がするものではない。事業計画はあくまでも加盟者に立っていただき、本部は計画策定をサポートするという立場を明確にする。事業リスクの説明を行う。

②契約申し込み

- FC加盟契約の契約申込み
- 契約締結日の決定
- 事業スケジュールの打ち合わせ

✓ フランチャイズ加盟契約の申込み時に、契約締結日、必要書類の提出日等を決定する。
✓ 今後の事業展開のスケジュール、段取り等を決め、円滑な事業の立ち上げを協力して行う。

③フランチャイズ加盟契約書締結

- 重要事項説明書の説明
- 法定開示書面の説明
- FC加盟契約への記名・捺印

✓ 重要事項説明書の読み合わせ（契約内容の重要部分の説明）をおこない、併せて法定開示書を提出する。
✓ 双方が契約内容の最終的な確認をおこない、契約を締結する。
✓ 事業リスクの説明は再度必ず行うこと。

④オープン前研修／店舗開業準備

- 研修生確認書の提出、本部研修の実施
- 店舗立地評価の実施、事業計画の策定
- 内装工事の実施

✓ フランチャイズ契約書締結後、希望者はエリア本部へのエントリーをおこなう。
✓ エントリーは本部所定のエントリーフォームにておこなう。

⑤開店業務、開店後のサポート

- 店舗内装工事サポート

✓ 開業支援から、開業後のサポート体制への移行。
✓ フィールドサポート（SV）への業務引き継ぎ。
✓ 本部、各部署への引き継ぎ（会計処理等の為）。

第4章 マニュアルの管理と活用

1. マニュアルの管理と運用

1 マニュアルの管理体制

　マニュアルは，チェーン全体が顧客に提供する価値，品質を統一し，各店舗における再現性を保証するツールという面があります。

　チェーンとしての設備更新，商品基準，情報システム，サービス品質の基準，具体的なオペレーションの手順等が進化した場合，その内容をすべての店舗，オーナーとそこで働く従業員に一定期間内に伝え，実際の店舗でのオペレーションを変えていくという行動を起こさせるしくみが必要になります。

　また，フランチャイズ展開をしているチェーンの場合には，マニュアルは，作成時点での「本部のノウハウの集合体」です。フランチャイズ本部ビジネスがフランチャイズパッケージを販売し，パッケージの継続的な運用を提供するビジネスであるという側面を考えれば，フランチャイズ本部の「商品」を象徴するものでもあります。しかし，外部環境の変化や顧客の変化，自社のシステムや商品構成の変化などにより，フランチャイズシステムは常に進化しており，システムとしてのノウハウを集約した存在であるマニュアルも進化し続けなければなりません。

　こうしたことから，マニュアルの管理体制は，次のしくみを備えた体制が必要となります。

> 1. **同一性の保持**
>   チェーン全体で同じマニュアルを使用することを保証するしくみ
> 2. **マニュアルの更新**
>   マニュアルを変更するしくみ
> 3. **転写性の確保**
>   マニュアルの変更情報を伝達し、オペレーションを変更するしくみ
> 4. **情報保全**
>   マニュアルを保全するしくみ

「マニュアルの管理体制」は，店舗運営，店舗指導（SV），研修（教育）部門，法務，建築（店装），商品開発，情報システムなどマニュアルに関連する各部の代表者によって構成される専門部会（以下，マニュアル部会）を設置し，それぞれの部署がコミュニケーションを取りながら「マニュアル部会」を運営し，その主催者（店舗運営の質を決定する権限を持った人物）が最終的に承認をすることで，マニュアル更新が確定する体制とします。

主要な部署の役割は次のようなものです。

① **店舗運営部，SV部門の役割**

店舗運営の中で発生する事故，クレーム，加盟店からのさまざまな要望を分析し，マニュアル変更が必要かどうかを判断し，もしマニュアル変更が必要である場合，変更案を専門部会に提案します。

② **研修（教育）部門の役割**

研修を通じてマニュアルの記載方法，表現などに必要な修正を専門部会に提案します。また，マニュアルの変更を開業前研修に反映するだけでなく，社内関連部署にも必要な研修を行います。この研修を通じてSVは共通の認識を持ち加盟店を指導することが保証されます。

③ **法務部の役割**

提案されたマニュアル変更が，コンプライアンス上問題がないかどうか判断します。また，法律変更によって現状のマニュアルの記載自体が違法となる可能性もあり，常にコンプライアンスの面から既存のマニュアルをチェックします。

④ **建築（店装）部門の役割**

店舗の設備基準の変更，設備管理の手順変更などの情報をマニュアルに反映するための提案をします。

⑤ **商品開発部門の役割**

新商品・サービスの導入，仕入などの手続き変更などの情報を専門部会に提案し，研修部門と共同して研修方法を決めます。

⑥ **情報システム部門の役割**

情報システムに関する変更を専門部会に提案し，研修部門と共同して研修方法を決めます。

2 マニュアルの運用とメンテナンス

マニュアルは「チェーンのノウハウの集合体」であり，大変重要なものです。当然，店舗にはマニュアルを安全に保管し，営業秘密として保全する義務があります。また，フランチャイズ展開しているチェーンの場合には，マニュアルは本部のノウハウの集大成であるとともに，フランチャイズシステムを象徴する重要なものです。フランチャイズ契約上では，加盟者に対して，営業秘密として保全する義務を課すことが通常です。

さらに，マニュアルは当然に，常に更新されることが前提となります。更新頻度が高いマニュアルの代表例が，飲食チェーンにおけるレシピです。

マニュアルの保全と更新の手順をあらかじめ決めておき，チェーン全体で一定の方式に従ってこれを行うことを保証するために作られるのが，「マニュアル管理マニュアル」です。これを作成しない場合は「管理マニュアル」の中に，マニュアル管理と更新の手順を記載し，開業前研修を通じてすべての店舗管理者，加盟店オーナーに周知しておくことが必要です。

① マニュアル管理マニュアルの内容

マニュアル管理マニュアルで定めるべき内容は次のようなものです。

図表4-1　マニュアル管理マニュアルの項目例

マニュアル管理マニュアル
1．マニュアルの意義
（1）作業を標準化した作業指示書
（2）仕事の均一化を徹底する教育ツール
（3）マニュアルに即した作業
（4）独自作業方法の禁止
（5）本部一括管理による統制
2．マニュアル運用・管理体制
（1）体制図
（2）職制の役割とアクセス権
3．マニュアルの保管
（1）営業秘密としてのマニュアル
（2）マニュアルの保管方法
（3）業務外使用・持ち出しの禁止

	（4）複写の禁止
	（5）守秘義務契約の締結
4．マニュアルの変更	
	（1）内容に疑義が生じた時の連絡方法
	（2）マニュアル変更時の本部からの指示・対応
	（3）マニュアルの差し替え方法
	（4）管理者から従業員への周知徹底

② マニュアルのメンテナンス

マニュアルのメンテナンスは，大きく2通りの流れがあります。

a. 本部による継続的なマニュアルメンテナンス

本部のシステム変更，新メニューの導入，関連する法律の変更への対応などのために本部が日常的に行う改訂，メンテナンス作業です。マニュアル理解のためのハンドブックの作成や店舗での運用を容易にするためのチェックリストの作成，ビデオマニュアルの作成などもこの中に含まれます。

b. 店舗運営部門，加盟店からの提案による改訂，メンテナンス

加盟店がSVを通じて，マニュアルの不備・不都合の発生，顧客からのクレームなどに対するマニュアル修正の要望を提起した場合，本部はこうした事象がマニュアルの不備によるものか，マニュアル変更が必要か，を判断し，変更が必要な場合にはマニュアル変更を手順に従って行います。

競争環境の変化や顧客意識の変化は常に店頭で最初に実感されることですので，チェーン全体の環境変化への対応力を確保するためには，こうした形での改訂，メンテナンスは重要な要素となります。

3 マニュアル改訂のルールづくり

マニュアル改訂は，チェーン全体の基準や方式を変更するような場合に，手順に従って実施されます。どのようなチェーンにおいても，顧客の変化，環境の変化に対応して定められた基準や手順を変更する必要が生じます。

こうした事象が発生するのは本部の管理部署においてだけではなく，加盟店を含めた店舗において運用上の矛盾，疑問，クレームなどの形で，定められた

方式や基準が実際の環境や顧客ニーズに合わなくなったことが報告されます（報告体制もSVマニュアル，運営マニュアルで定めておく必要があります）。

こうした事象が発生した際，関連部署はマニュアルの改訂が必要な事象であるかどうかを判断し，改訂が必要であると判断した場合はマニュアル管理部署に連絡し，意思決定権を持った階層での会議においてマニュアル改訂や新しい基準を定めます。

マニュアルの運用にあたっては，こうした変更の履歴を変更理由とともに残し，必要な研修，告知を実施する手順を含めてあらかじめ決めておきます。

① 同一性保持のためのしくみ

これは，チェーン本部内，すべての加盟店を含めてチェーン内に存在するマニュアルを同一のものに保つためのしくみです。

現在では，グループウエアなどを採用するチェーン本部もあります。こうした本部では，常に最新の「管理者によって認定されたマニュアル」がグループウエア内に保存され，本部担当者，加盟店で閲覧権限を持つ管理者が最新のマニュアルにアクセスでき，マニュアル変更があった場合にはリアルタイムで業務システムやコミュニケーションシステム，電子メールなどでマニュアル更新を確認することを通知されるしくみとすることで，チェーン全体の同一性を保ちます。

こうしたグループウエアが導入されていないケースでは，最新のマニュアルを「紙媒体」ですべての店舗に配信し，既存のマニュアルの変更部分を確実に改訂版に差し替える手順をあらかじめ決めておく必要があります。

さらに，SVが店舗訪問をしたときに，マニュアルが定められた最新の状態におかれているかどうか確認することも必要です（SVチェックリストにチェック項目として入れておきます）。

② マニュアル改訂の手順

マニュアル改訂の提案は，専門部会のメンバーである各部責任者が，専門部会に対して発議します。また，マニュアル改訂の決定は常に専門部会責任者の承認によってのみ行われなければなりません。

マニュアルの改訂は図表4-2のような手順で行われます。

図表4-2　マニュアル改訂の手順

	SV部門	店舗運営部門	教育部門	法務部	商品部	店装部	情報システム部
発議	加盟店からの要望、クレーム情報に基づきマニュアルの改訂を発議	直営店の運営によって検証されたマニュアル改訂の必要性を発議	教育効果の発揮、既存マニュアルの記述に関する不備などの改訂を発議	法律改正、現状マニュアルの検証を基に発議	新商品の導入、商品管理基準の変更などのために発議	店舗設備の変更、出店基準の変更、防災関連の法律改定などへの対応のために発議	情報システムの更新、システム運用手順の変更、研修方法の変更などのために発議

マニュアル部会　責任者

	SV部門	店舗運営部門	教育部門	法務部	商品部	店装部	情報システム部
検討	マニュアル変更による影響を評価		マニュアル変更の周知、教育手順の変更を計画、評価	法律的適合性を評価	自部門への影響と、マイナス面が生じないかを評価		

責任者は、マニュアル変更が経営理念や、経営方針、自チェーンが目指すサービス品質に適合するかどうかを総合的に評価

マニュアル変更の決定

マニュアル変更せず
- 運用方法の変更
- 発議者への通知

	SV部門	店舗運営部門	教育部門	法務部	商品部	店装部	情報システム部
変更手続き	・部署内での周知 ・加盟店への通知 ・訪問時の検証	・部署内での周知 ・直営店への通知 ・訪問時の検証	・教育プログラム設計 ・教育ツール開発 ・研修実施	ヴァージョン管理新マニュアルの確定と配布指示	運用変更	運用変更	運用変更 研修実施

加盟店
- マニュアルの差し替え
- 旧マニュアルの返還
- 従業員への周知

　最終的に，SVが店舗訪問時に，マニュアルの改訂が確実に実施されているかどうか，店舗運営の質は保たれているかどうかをチェックすることは，マニュアル更新の都度，訪問業務として実施される必要があります。

2.マニュアルの活用

1 マニュアルを活用する

　第1章で説明したように，マニュアルの大きな意義はオペレーションの標準化にあります。標準化することで，誰がオペレーションをしても同じ品質の商品やサービスを提供することができます。そのため，マニュアルは作って終わりではなく，それを活用していくことが重要です。さらに，マニュアルは一部の担当者だけが活用していても意味がありません。オペレーションに関わる全員がマニュアルを活用し，マスターしていなければなりません。

　せっかくマニュアルを作成したにもかかわらず，活用できていなければオペレーションの標準化も進まず，店舗や人によって品質にバラツキが出てしまい，リスクの高い状況でオペレーションが行われることになります。たとえば，食品を扱うオペレーションにおいて，マニュアルどおりに食材を扱っていない，機器の洗浄が行われていないなどが起きていれば，食中毒を起こすリスクが高まります。1人でも守らない人がいると，チェーン全体の存続を揺るがすほどの大事件へつながることもあります。

　苦労して作成したマニュアルを活用し，結果を残すためには，活用するしくみづくりが必要です。しくみとしては，「すぐに見られる状態にする」「教育ツールにする」「チェックツールにする」などがあります。

① しくみ1／すぐに見られる状態にする

　マニュアルが活用されない原因としては，
- 事務所に置きっぱなしで現場になく，必要な時にすぐに見られない
- マニュアルのページ数が多くて（厚すぎて）現場に置きにくい
- 個人に配布していない

などが挙げられます。

　マニュアルは重要なノウハウをまとめたものですから，簡単に持ち出せないよう，その管理は厳重に行うべきものです。しかし，現場で使えない状態にあっては宝の持ち腐れになります。

現場には，ポイントを絞って部分的にピックアップした薄いものを用意したり，必要なものを壁に貼ったりなどするとよいでしょう。個人には，常に意識しておかなければならないことや，トラブルが発生した時の対応方法など，さらにポイントを絞り，小さい冊子にしたものを持たせてもよいでしょう。ただし，外に置きっぱなしにしたり，自宅に持ち帰ったりしないよう，業務が終わったら返すなど，運営面には充分に気をつけましょう。

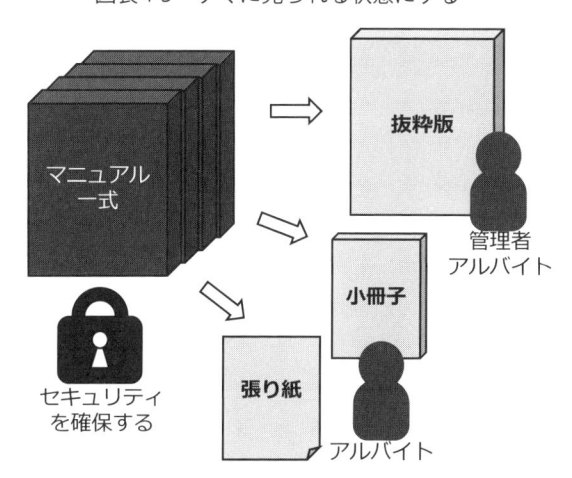

図表4-3　すぐに見られる状態にする

② しくみ2／教育ツールにする

　チェーン加盟者への初期研修や開業後の定期研修，新しく入社する新人教育でマニュアルを活用します。

　マニュアルは，仕事を教わる側だけでなく，教える立場にとっても役立ちます。マニュアルがなければ，教える担当によって内容が異なったり，重要な部分を省いてしまったり，あるいは系統立てて説明できず要領を得ないなどが起こる恐れがあります。マニュアルがあれば，教える側も確認ができるため，常に正しい内容を効果的に指導することができます。

　教育ツールとして準備する場合，まずは，研修のカリキュラム表を作成するとよいでしょう。カリキュラムの単元ごとに必要なマニュアルを一覧で整理し，必要なページをマニュアルから抜粋して研修用テキスト一式を作成します。

また，マニュアルだけを使うのではなく，自分のノートを持参させて，書き込みをさせながら行うこともあります。さらに，調理などのオペレーションは動画マニュアルも組み合わせると効率的かつ効果的な研修となります。

図表4-4　教育ツールにする

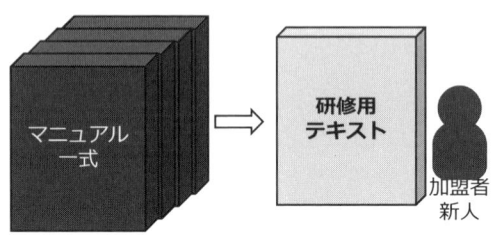

③ しくみ3／チェックツールにする

　最初の研修を終えた後も，数多くのオペレーションを覚えていく必要があります。このときにマニュアルが活用できます。マニュアルがあれば覚えるべきオペレーションを体系的に網羅することができます。

　さらに，マニュアルの項目をチェック表にし，その表を使ってチェックするようにすれば，加盟者やスタッフごとの習得状況や定期的に評価，指導することができます。できていないところがあれば，加盟者と一緒にマニュアルを見ながら確認し，次回のチェック時までに習得させるような指導を行うことができます。

図表4-5　チェックツールにする

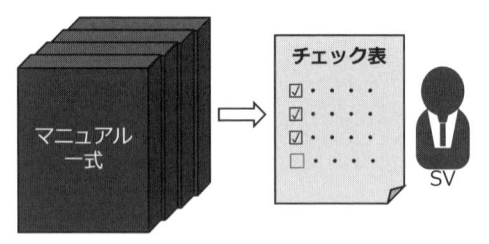

　以上のように，マニュアルを活用するには，そのための仕掛けづくりが必要です。次ページからは，研修や店舗指導時に活用する方法について，詳しく説明していきます。

2 チェーン加盟者への研修

のれん分け・フランチャイズによる多店舗化を成功させるためには，加盟者が開業前に事業に必要な基礎を身につけるとともに，開店後も加盟者がブランドイメージを維持できるよう継続的に教育することが重要です。

チェーン本部が構築する教育・訓練システムは，開業前に行うものと開業後に行うものとに大別できます。

① 開業前

開業前に行う研修では，加盟者が事業を始めるにあたって必要な基本的な知識・スキルを身につけます。フランチャイズビジネスでは「標準化されたノウハウを短期間で身につけられる」ことも重要なポイントになります。そのためにもマニュアルの存在が重要になります。

開業前の研修は，主に経営・管理系の研修と，オペレーション系の研修に分かれます。研修によって，加盟者の知識・スキルのレベルを，どの程度まで引き上げるかを設定し，それに応じたカリキュラムをつくります。

研修の最後には，基準のレベルに達したかどうかを，本部が判断するための確認テストを行うとよいでしょう。

a. 経営・管理系の研修

主な受講者：経営者，店長（管理者）
該当マニュアル：管理編

主要な内容としては，「経営理念」，「事業ビジョン」，「経営者・店長としての心構え」，「店舗運営方法」，「商品・サービス知識」，「会計知識」，「パートアルバイトの採用・教育方法・労務管理」，「ワークスケジュールの作成方法」などがあり，座学が中心になります。

図表4-6　経営・管理系の研修カリキュラム表の例

時間	配分	研修項目	研修概要	準備資料
10:00〜	20分	経営理念・事業方針・ビジョン	当社の経営理念、事業の方針・ビジョン等について理解する。	基本マニュアル X〜Xページ
10:20〜	10分	本部・加盟者のそれぞれの役割	本部と加盟者がそれぞれ、どのように役割を分担して事業を行うのか、その重要性とともに理解する。	基本マニュアル X〜Xページ
10:30〜	30分	ブランド・標章の管理 マニュアルの管理	フランチャイズにとって重要なブランド・標章（看板）、ノウハウ（マニュアル）の管理について学ぶ。	基本マニュアル X〜Xページ
11:00〜	10分	管理者（店長）の役割	当フランチャイズが求める管理者（店長）とは？その役割について学ぶ。	基本マニュアル X〜Xページ
11:10〜	90分	売上・利益管理 金銭管理 ※途中で昼休憩（1時間）	売上、利益を上げるために必要な管理手法について学ぶ。また、店舗における金銭の管理方法について学ぶ。	基本マニュアル X〜Xページ
13:40〜	60分	在庫管理	利益を確保するために重要となる在庫の管理方法（仕入れのタイミング、量など）について学ぶ。	基本マニュアル X〜Xページ
14:40〜	60分	衛生管理	食べ物を扱う事業として重要な衛生管理について学ぶ。一部、動画も利用する。	基本マニュアル X〜Xページ
15:40〜	30分	店舗設備管理	店舗設備の適切な管理、メンテナンス方法について学ぶ。	基本マニュアル X〜Xページ
16:10〜	30分	安全管理	お客様及び従業員の安全を確保するための管理方法について学ぶ。	基本マニュアル X〜Xページ
16:40〜	30分	クレーム管理	お客様からのクレームに対する適切な対処方法について学ぶ。	基本マニュアル X〜Xページ
17:10〜	30分	危機管理	災害など危機が起きた時の対象方法について学ぶ。	基本マニュアル X〜Xページ
17:40〜	20分	確認テスト 本日のまとめ	学んだことの理解度をテストする。	テスト問題

合計：　420分

b. オペレーション系の研修

受講者：店長（管理者），スタッフ

該当マニュアル：オペレーション編

　主要な内容としては，「商品・サービス知識」，「1日の流れ」「衛生管理」「製造作業」，「接客・販売」，「身だしなみ」，「清掃」などになります。

　基本的な事項は座学で学んだうえで，実際に店舗で業務を行いながら学ぶ実地研修も取り入れ，研修センター内の模擬店舗や直営店などを利用し実際のオペレーションスキルを身につけます。

図表4-7 オペレーション系の研修カリキュラム表の例

■1日目

時間	配分	研修項目	研修概要	準備資料
10:00〜	20分	経営理念・事業方針・ビジョン	当社の経営理念、事業の方針・ビジョン等について理解する。	基本マニュアル X〜Xページ
10:20〜	10分	ストアコンセプト	ストアコンセプトについて理解し、店舗のオペレーション業務に活かす。	基本マニュアル X〜Xページ
10:30〜	90分	オペレーションの基本 ※昼休憩を入れる（1時間）	店舗おいて必要なオペレーションについて、店舗における1日の流れ、製造、販売・接客の役割などについて学ぶ。	オペレーションマニュアル X〜Xページ
13:00〜	120分	製造の基本	製造の基本について、マニュアルと動画を用いて学ぶ。	オペレーションマニュアル X〜Xページ DVD（動画）
15:00〜	120分	販売・接客の基本	販売・接客の基本について、マニュアルと動画を用いて学ぶ。	オペレーションマニュアル X〜Xページ DVD（動画）
17:00〜	30分	確認テスト 本日のまとめ	学んだことの理解度をテストする。	テスト問題

合計： 390分

■2日目〜
※上記研修を座学形式で受講後、研修センター内の模擬店舗や直営店などを利用し、製造作業や販売・接客方法などについて、実際のオペレーションスキルを身につける。

② 開業後

　一般的には、開業後は、スーパーバイザー（SV）等が店舗訪問し、継続的な指導を行っていきます。この定期指導以外にも、商品・サービスの品質を一定に保つための集合研修を実施することもありますし、新メニュー・サービスが出た場合のフォロー研修などを実施する場合もあります。

　さらに、スタッフを中心にした資格認定制度などを取り入れている本部もあり、この資格取得のための研修と試験を実施することもあります。

図表4-8　開業後研修等の例

研修など		内容
経営・管理系		
	オーナー会議	フランチャイズオーナーの Off.J.T および、本部とのコミュニケーションを図るために開催する集合研修のこと。本部の方向性や現状の課題など、現場店長だけでなく、オーナーに意識共有してもらう場となる。
	店長会議	フランチャイズ店長の Off.J.T として定期的に開催する集合研修。チェーンの理念、オペレーションの再確認や運営ノウハウ、技術の共有、新商品の説明などを行う。
オペレーション系		
	P/A 研修	P/A 向けのオペレーション、サービス研修などを実施する。
	資格認定制度	一定の技術が必要なチェーンの場合、決まった技術レベルに達する度に試験を受けることで、チェーンで定めた資格を取得できる制度。技術レベルやモチベーションの向上に寄与する。
	コンテスト	技術やサービス等、チェーン内でのコンテストを実施する。技術やサービスレベル、モチベーションの向上に寄与する。

③ 新人スタッフへの研修

　加盟者の従業員については，基本的には加盟者自身が研修し育成していくことになります。そのため本部は，加盟者自身（あるいはその従業員である店長）が新人教育できるように研修・育成の方法を指導できないといけません。具体的な育成方法や評価方法については，『加盟者向けマニュアル（管理編：人事管理）』に記述し，開業前の経営・管理系の研修で指導します。

　また，本部によっては，加盟者のP/Aの受け入れ研修を請け負うケースもあります。この場合には，新人スタッフ向け研修カリキュラムを作成，マニュアルの中から，新人スタッフ向けの項目をピックアップし研修を実施します。

① 加盟者の新人スタッフの研修

　新しく入ってきた新人スタッフへ教えなければならないことはたくさんあり

ますが,一度にすべてのことは覚えられません。まずは,経営理念など基本事項を伝えた後に,最低限必要な知識やスキルの研修に入っていきます。

カリキュラムとしては,基本的に,加盟者向けのオペレーション系研修の中から最低限必要な事項をピックアップして行います。そして,開業前の研修と同様に,研修の最後には,基準のレベルに達したかどうかを判断するための確認テストを行うとよいでしょう。

② 本部の新人スタッフの研修

本部スタッフ(SV,加盟店開発など)の育成も必要です。そのためにも,本部向けマニュアルを活用します。

とくにSVは,加盟者の事業を成功させ安定した経営を継続させる重要な役割を担っています。SVには,当該事業や業務に精通していることは当然で,経営者の視点で加盟者の事業を見ることができる能力が求められます。

図表4-9 スーパーバイザースキルのチェック表の例

SVスキル	チェック項目
提案力	□ 加盟者が客観的に判断できる資料を提示し、方向性を示すことができる □ 加盟者が実行できる具体的な選択肢を複数提供することができる □ 一方的な押し付けではなく、加盟者に応じた柔軟な提案ができる
率先垂範	□ 自ら現場でスタッフ教育の見本を、行動して示している □ 自ら商品の陳列変更やPOP、貼り付けなどを行っている □ スタッフとともに行動しながら、あるべき店づくりを行っている
関係構築力	□ 相手の希望や要求を聞き入れ、受容してから提案を行うことができる □ 相手の立場に立って行動し、こまめに情報を提供することができる □ 業務以外でも家族の話や体験など、全てを傾聴する姿勢を持っている
調整力	□ 目標達成のために、状況に合わせて関係者の意見を調整することができる □ 目標から外れた場合、時期を見て目標に適合させる修正を行うことができる □ オーナー(店長)と従業員の間に入り良好な関係を保つことができる
協調性	□ 訪店時は、制服を着用するなど自ら支援、協働していく姿勢を見せている □ 加盟者の利益を第一に考えていることを示し、信頼を得ている □ 本部要請を、加盟者の利益に繋がる具体策として提案している □ 自分の都合や利益に拘らず、チェーン全体の利益を考えることができる

出典:『フランチャイズの SV 育成ガイドブック』(フランチャイズ研究会)

このようなSVを育成するためにも，求められるスキルをチェック表にまとめ（図表4-9参照），定期的にチェックし，不足しているスキルを強化しいくしくみを構築するとよいでしょう。

4 店舗指導時

　SVは，本部マニュアルに従って店舗訪問し，継続的な指導を行っていきます。本部の方針や店舗運営基準を伝え，そのうえで，加盟者側の立場にたったアドバイスやサポートをすることが目的です。また，マニュアルや研修の内容を補充・発展させていく役割も担います。

　経営者（店長）に対しては，主に経営・管理状況の確認と指導，店舗（店長，スタッフ）に関しては，オペレーションの確認と指導を行います。この指導のためにもマニュアルが必要です。できていないところがあれば，加盟者と一緒に加盟者向けマニュアルを見ながら確認すれば，加盟者の納得も得られます。

　また，店舗指導時のチェック表（図表4-10参照）を準備し，確認・指導内容に漏れがないようにします。チェック表は，オペレーション上の重要項目を抽出し，その評価基準についてできる限り数値化します。評価基準は，現場の状況をみながらすり合わせ，SV相互間の評価基準の統一化を図っておく必要があります。また，オペレーションだけではなく，経営数値やマネジメント事項のチェックも必要です。これらをSV報告書として書式化します。

　SV報告書には，チェック項目の評価に加えて，店舗指導時に加盟者と話し合った改善事項なども記入し，加盟者と本部へフィードバックします。報告書は，本部として店舗指導をしたという大切な記録になります。加盟者からは，「報告書を確認した」という承認をとり，必ず保存しておきます。「店舗指導がない。不十分である」ということが，フランチャイズ契約をめぐるトラブルとして起きることがありますが，このチェック表と報告書をきちんと記入・保管しておけばリスクヘッジにもなります。

図表4-10　店舗指導チェック表の例

【　　　】店 チェックシート　　　　　　　　　　　　　　　担当SV：
　　　　　　　　　　　　　　　　　　　　　　　　　　　　訪問日：　　年　月　日

	チェック項目	チェック結果	○ できている	△ ややできていない	× できていない
店舗	店内の様子		お客様の目につくところだけでなく、壁・床・蛍光灯など、細部にわたり清掃が行きとどいている。	店内にダンボールや清掃用具などが置かれている。ディスプレイ・メニューが傾いているなどやや乱れがある。	目につくところが汚れている。照明が切れていて暗いなど、目にあまる状態である。
	レジ周り		常備すべきもの以外、余計な物は置かれていない。整理・整頓されている。必要十分なお釣りが準備されている。	必要な常備品は置かれているが、整理・整頓が不十分。必要十分なお釣りが準備されていない。	雑然としている。必要十分なお釣りが準備されていない。
	什器類		きちんとメンテナンスができている。きれいに清掃できており清潔である。	破損箇所の修繕はしてるが汚れている箇所がある。	メンテナンスされておらず破損がそのままである。汚れが目立つ。
	ディスプレイ POP		きちんとメンテナンスがでていてきれいで清潔感がある	POPがやや劣化している。一部が汚れている。	セロテープのはがし残し、POPの劣化、よごれなど、全体的に劣化・汚れが目立つ。
身だしなみ	服装		汚れのない清潔なユニフォームを規定通りに、きちんと着用している。しわ・汚れもなく細部まで清潔に保っている。	ユニフォームを規定通りにきちんと着用しているが、しわ・汚れなどが目につく。	ユニフォームを着崩している。しわ・汚れが目立つ。
	マスク・手袋		両方着用しており、汚れなどなく清潔に保たれている。	両方着用しているが、やや劣化している。一部に汚れがある。	片方だけ着用している。両方着用していない。
	名札		全員、規定の場所につけている。劣化・汚れなどなくキレイな状態である。	全員、規定の場所につけているが、一部、劣化・汚れなどがある。	一部、着けていないスタッフがいる。
	髪・爪		綺麗にまとめており、帽子の中に全部入れている。爪をきれいに切っている。	帽子から一部、髪が出ている。爪が少しのびている。	髪がまとめられておらず、帽子から髪の毛がかなり出ている。爪が切れていない。マニキュアがされている。
製造	材料の管理		消費期限の管理を規定通りに行っている。材料が規定通りの場所に適切に保管されている。	消費期限の管理を規定通りに行っている。規定通りの場所に保管されていない材料がある。	消費期限の管理が規定通りに行われていない。規定通りに保管されていない。
	仕込み		レシピ通りのサイズ・量の仕込みを行っている。仕込んだ材料を規定通りの場所で適切に保存している。	レシピ通りのサイズ・量の仕込みを行っていないのが混在している。仕込んだ材料を規定通りの場所に適切に保存している。	レシピ通りのサイズ・量の仕込みが行えていない。仕込んだ材料を規定通りの場所で適切に保存できていないものが散在している。
	製造作業		レシピ通りに製造作業を行っている。調理器具を適切に扱えている。	時々、レシピ通りに製造作業が行えていないものがある。調理器具を適切に扱えている。	レシピ通りに製造作業が行えていないものが多い。調理器具が適切に扱えていない。
	後かたづけ		使い終わった調理器具を綺麗に洗っており、消毒している。規定通りの位置に必ず戻している。	使い終わった調理器具を綺麗に洗っており、消毒しているが、規定通りの位置に戻っていないものがある。	使い終わった調理器具の洗浄・消毒が不十分。規定通りの位置に戻っていない。
販売	声かけ		お客様への声かけのタイミングが良い。適切な大きさの声で、聞き取りやすい。お客様も振り向いている。	声は出しているが、声をかけるタイミングが悪く、十分にお客様が振り向いていない。	声が小さい。出ていない。
	声の表情・笑顔		明るい表情・笑顔で、お客様と目を合わせ、おじぎをしており、積極的にお客様を招き入れている。	聞き取りやすい声を出しているが、淡々としており笑顔が足りない。積極的に目を合わせていない。	明るさ、笑顔がなく、お客様と目を合わせていない。声が聞き取りにくい。
	顧客対応		離れたお客様にも積極的に声掛けをしている。商品説明や魅力をタイミング良く伝えている。	目の前にいるお客様には話しかけている。	していない。
	接客用語		状況に合わせ、接客用語を丁寧に使いこなせている。お客様に顔を向けて確認・復唱を必ず行っている。	使っているが、時々間違った使い方になっている。作業しながらの確認と復唱である。時折、丁寧さに欠ける。	接客用語が使えていない。確認・復唱がない。丁寧さがない。
	総合		<コメント>		

2.マニュアルの活用　179

3. マニュアル管理・活用チェックシート

管理・活用面

マニュアルが完成した後の、セキュリティとメンテナンスについて、あらかじめ想定しておくことでスムーズに運用フェーズに移行することができます。保管方法については情報漏えい防止という観点から見て、適切なルールを定める必要があります。

また、マニュアルが作って終わりとならないよう、「すぐに見られる状態にする」「教育ツールにする」「チェックツールにする」ためのしくみを整備し、活用していくことが重要です。

- ☐ 重要な営業秘密であることを現場（特にFC盟者）に対して理解させているか？
- ☐ マニュアル完成後の運用体制・責任者は決まっているか？
- ☐ 定期的な改訂や都度更新のルールは決まっているか？
- ☐ 現場からのフィードバックを取り入れるしくみは整備したか？
- ☐ 保管方法、保管場所はセキュリティが保たれているか？
- ☐ 現場での管理体制を定めてあるか？
- ☐ 現場で、すぐに見られるようなしくみは整備したか？
- ☐ 教育ツールとして使えるよう、カリキュラムを作成し、マニュアルとの対応を整理しているか？
- ☐ マニュアルの内容が、現場に正しく浸透しているか確認するためのチェックツールは準備したか？

用語集・参考資料

用語集

あ行

【粗利分配方式】
売上高から売上原価を引いた粗利益高に対し，一定率を乗じたものをロイヤルティとして加盟者から本部に支払うこと。コンビニエンスストアでは粗利分配方式が採用されています。

【意匠権】
産業財産権の1つ。工業生産により量産可能な新規の意匠を創作したものが，意匠法に基づき，意匠受録を受けて15年間，この意匠にかかる物品を製造販売する排他的権利を取得することができる権利のことをいいます。

【居抜き店舗】
以前営業していた応舗の什器備品や厨房設備などが残されたままとなっている店舗のこと。初期投資が抑えられたり，開業までの期間を短く抑えることができるメリットがありますが，什器備品や厨房設備が経年劣化している場合があったり，廃業した前の店舗のイメージを引きずってしまうといったデメリットもあります。

【違約金】
債務不履行があった場合に支払うことをあらかじめ設定された金銭。フランチャイズ契約の場合は，契約期間がまだ残っているのにもかかわらず，途中で契約を解除する場合などに支払いの義務が生じるなど，契約書に違約金の定めがある場合があります。

【インセンティブ】
言葉の意味は奨励や刺激であり，売上などの目標を達成した店・従業員に対して支払われる報奨金・奨励金のことを指します。

【売上高・収益予測】
フランチャイズ本部が加盟希望者に対して加盟契約前に提示するフランチャイズ事業の売上高・収益予測のことです。ただしフランチャイズ本部が加盟希望者に対して売上高・収益予測を提示することは法律上義務づけられてはいません。提示する場合は商圏調査や統計調査などから算出する場合が多いですが，提示する根拠はフランチャイズ本部によってさまざまです。

【運転資金】
商品仕入・従業員への給与支払いなどの日常の事業運営を行う中で必要となる資金

のことをいいます。小売業でいうと，商品を仕入れてそれが在庫となり，それを販売して資金を回収できるまでにはある程度の期間がかかります。仕入時の支払いと販売による回収の時期にずれがあるために，手元に運転資金が必要となります。フランチャイズチェーンによっては，加盟店の資金繰りを支援してくれるところもあります。

【HTML方式】

HTMLはHyperText Markup Languageの略で，電子マニュアルの作成方法の1つです。通常のWEBページと同じ方法で作られるため，紙のマニュアルにはないナビゲーション方法を取り入れることができます。動画やアニメーションなど動きのある素材を埋め込め，更新が瞬時に反映されるメリットもあります。

【SDS法】

要点（Summary）－詳細（Details）－要点（Summary）という流れで話や文章を構成するプレゼンテーション技法です。マニュアルの文章に応用する場合は，SD（要点－詳細）で十分です。

【FLコスト】

FはFoodの頭文字で「原材料費」のこと，LはLaborの頭文字で「人件費」のことを指します。FLコストとは売上高に占める原材料費率と人件費率の和であり，飲食店の運営において大きな割合を占める2つの費用をまとめて表すことのできる指標となります。FLコストを低くできれば，営業利益を高めることができます。

【エリア・フランチャイズ契約】

フランチャイズ本部が，特定の地域で加盟店開発や運営を行う能力を有する企業（エリア・フランチャイズ本部）に対しフランチャイズ権を許諾する契約のこと。エリア・フランチャイズ本部が開発を行うことで，短期間で店舗の増加が見込めるメリットがある一方で，店舗が増加しても本部のロイヤルティがそれほど増加しないことや，エリア・フランチャイズ本部加盟店との関係が希薄になるなどのデメリットがあります。

【エリア・マーケティング】

商圏を地域特性や嗜好が似通った一定の大きさに区切り，セグメントごとの地域特性に合った商品・販促計画を立てることで，販売効率を最大化することを目的とした活動です。

【OJT】

On the job trainingの略で，実際の業務を通じて上司や先輩が部下に仕事を教える育成・指導の方法のことをいいます。最も効果が高い教育訓練手法であるといわれて

おり，成り行きで行うのではなく，計画的・継続的に行うことで効果が上がります。

【オーナー会】

広義では，不動産や会員権など有形無形の資産所有者が任意の目的で結成する社団を指します。ここでは「フランチャイズ加盟権」を所有する者，すなわち加盟店オーナーの集まりのことです。本部主体で運営され，指導や経営情報の交換，親睦などを目的とするものと，加盟者だけで組織され，本部に対する加盟店の地位向上を目指すものとがあります。フランチャイズコンサルティング会社が加盟店向けのセミナーに「オーナー会」という名称を用いることもあります。

【オープンアカウント】

フランチャイズ本部と加盟店の間では，本部が代行した商品仕入代金や水道光熱費など公共料金の支払い，またロイヤルティなど本部への支払いが多く発生する場合があります。それを毎回支払うのではなく，売上などの収入と相殺することで事務処理を簡略化するために用いられる貸借勘定のことをオープンアカウントといいます。オープンアカウントはコンビニエンスストアで多く用いられます。

【OFF-JT】

Off the job trainingの略で，社外での研修などによる教育訓練のことをいいます。実務的な能力よりも，一般化されたな知識や技術を学ぶために効果を発揮します。OJTの補完的な役割として，組み合わせにより計画的に行うことで，効果があがります。

【オペレーション】

発注，納品，検品，鮮度管理，売上金管理，従業員教育，作業分担，クレンリネス，設備メンテナンスなどの店舗運営全般のことをいいます。多店舗化するためには，オペレーションが単純化され，標準化されていることが不可欠です。

か行

【開業提案書】

フランチャイズ本部が加盟希望者に提案するフランチャイズ事業の開業に関する提案書を指します。フランチャイズ加盟の面談・審査が進み，物件も決まった頃に本部から提案されます。内容は，物件概要（店舗概要），資金計画，売上・収益予測などが記載されます。この提案書は，加盟契約の最終決定をする判断材料になります。予測データの合理的根拠や知りえたリスク情報など，加盟者に十分な情報提供を行う必要があります。

【開店指導料】
　開店指導料（オープン指導料）とは，開店時に本部が加盟店に派遣する指導員の指導援助の対価をいいます。トラブルの原因となる可能性があるので，指導援助の日数，指導員の人数，援助の方法，販売促進費が含まれるのか，指導員の交通費や旅費などの負担の有無などについて，契約をする前にきちんと確認することが必要です。

【解約金】
　フランチャイズ加盟契約に際し，契約書の中にあらかじめ定めのある契約期間を満了することなく，本部・加盟店のいずれかの申し入れにより契約を終了させる場合に相手方に支払う金銭のことをいいます。

【加盟金】
　フランチャイズ契約を締結した時に，加盟者が本部に支払う金銭のことをいいます。加盟金については，フランチャイズ本部ごとに名称が異なったり，性質が異なったりすることが多く，加盟する際にはその本部の加盟金がどういう性質を持つものであるのかをしっかり把握する必要があります。一般には，商標などのマークの使用料やノウハウ，テリトリー料，研修など開店時の支援などの対価として認識されています。

【加盟店会】
　加盟店同士の経営情報の交換や親睦を主たる目的として，加盟者やオーナーが組織する団体のことをいいます。

【加盟店開発】
　フランチャイズビジネスでは，ビジネスパートナーとなる加盟店を組織化していくことはフランチャイズ事業を成長させていくうえで重要なプロセスとなります。このことを加盟店開発と呼びます。具体的には，ターゲットや展開エリアを明確にしたうえで，広告等での加盟募集，事業説明会の開催，加盟希望者との面談，モデル店視察，事業計画の立案，加盟契約の締結と進めていきます。
　近年，加盟店開発を代行する業者も出現しています。店舗候補物件が確定する前に加盟契約を締結して加盟金を受け取り，その後店舗が開店できないにもかかわらず支払った加盟金が加盟者に返還されずトラブルとなったケースも起きています。本部機能を外部へアウトソーシングする場合は，安易に契約しないよう注意が必要です。

【欺瞞（ぎまん）的顧客誘引】
　独占禁止法の不公正な取引方法の一般指定第8項で禁止された行為です。本部が，加盟者の募集にあたり，重要な事項について十分な開示を行わず，または虚偽もしくは誇大な開示を行い，これらにより，実際のフランチャイズシステムの内容よりも著

しく優良または有利であると誤認させ，競争者の顧客を自己と取引するように不当に誘引する場合には，不公正な取引方法の一般指定の第8項（欺瞞（ぎまん）的顧客誘引）に該当します。

　公正取引委員会では，「フランチャイズシステムに関する独占禁止法上の考え方について」を策定・公表し，その中で欺瞞的顧客誘引についても具体例を挙げて説明しています。

【客席回転率】
　主に飲食業の経営効率を測るときに用いられる指標です。1日の客数を客席数で除することにより算出され，数値が高いほど経営効率が高いといえます。

【QSC】
　Quality（クオリティ：品質），Service（サービス：おもてなし），Cleanliness（クレンリネス：清潔さ）の頭文字を取った略です。これらは店舗経営（とくに飲食店）の基本3要素と呼ばれ，店舗経営をしていくうえでこれらの具体的な水準を決めて維持していくことが重要です。

【競業避止義務】
　フランチャイズ契約中，もしくは終了後も一定期間は，加盟店は類似の事業を行ってはならないとする禁止条項です。守られなかった場合，違約金を科せられることがあります。フランチャイズ本部はノウハウの流出などを防ぐことを目的としています。

【クーリングオフ】
　消費者は，契約後一定期間内であれば，契約を解除する旨の書面を出すことで違約金なしに契約を解除することができます。これを法的に保証する制度がクーリングオフ制度です。契約を解除できる期間は，訪問販売で8日間，連鎖販売取引（マルチ商法）で20日間など，商品や販売方法などによって異なります。本制度は消費者保護を目的としていますので，フランチャイズビジネスのような事業者同士の契約には適用されません。

【グループウエア】
　組織や集団の内部で情報を共有したりコミュニケーションを取ったりすることができるコンピュータネットワークを活用したソフトウェアのことです。グループウエアを活用すると，常に最新のマニュアルがグループウエア内に保存され，マニュアル変更があった場合にはリアルタイムで更新を確認することができ，チェーン全体の同一性を保つことができます。

【経営理念】
　経営者が持つ企業経営にあたっての信念，信条のことです。マネジメント・フィロソフィーともいいます。経営者と従業員の意思決定と行動の指針となるもので，一般には社是，社訓に提示されることが多くなっています。事業を起こすにあたっては，明確な理念を確立することが大切です。チェーン加盟者は，チェーンの経営理念に共感できることが重要となります。

【契約期間】
　フランチャイズ契約が締結されてから終了するまでの期間のことです。通常はあらかじめ一定の期限をつけておき，期限が終了した時点で契約を更新するか否かを決めるようにしておきます。また，契約の期間中でも契約違反など，特別な事態が発生した時には契約を終了できるようにしてあるのが一般的です。

【契約タイプ】
　加盟者によっていくつか異なった契約種類を準備することで，主にコンビニエンスストアで用いられています。例として，店舗投資が加盟者の負担となるAタイプと，本部が用意した物件で運営を行うCタイプとがあります。

【研修費】
　主に開業前や開業直後の研修にかかる費用のことで，多くの場合は加盟金に含まれていますが，研修費を加盟金とは別に定めている本部もあります。オーナーに対する研修や，従業員に対する研修などがあります。

【広告分担金】
　加盟店の募集広告は本部の費用負担で行いますが，加盟店の売上増進やチェーンのイメージアップを図るための販売促進および広告は，一般的に加盟店の負担や本部と加盟店の負担で行われます。その加盟店が負担する費用のことを広告分担金といいます。金額は売上比率の場合と定額の場合の両方があります。

【公正取引委員会】
　独占禁止法，およびその補完法（下請法，景品表示法）を運用するために設置された機関（行政委員会）です。委員長と学識経験者など4名の委員で構成されており，ほかから指揮監督を受けることなく独立して職務を行っています。当委員会は，独占禁止法などの執行と競争政策の推進という2つの役割を持っています。フランチャイズシステムに関しては，通称「フランチャイズ・ガイドライン」と呼ばれる指針を発表して，本部による独占禁止法違反行為の未然防止などを促しています。

さ行

【ザ・フランチャイズ（フランチャイザーのデータベース）】
経済産業省の委託を受け，（一社）日本フランチャイズチェーン協会がフランチャイズチェーン本部のデータをインターネット上で公開したものです。本部の企業概要，加盟に際し必要な金銭の額，加盟者に対する商品の販売条件や経営指導などが記載されており（法定開示書面），加盟希望者がフランチャイザーを初期選択する際に大変役に立つデータベースです。

【サービスマーク】
商標のうち，サービス（役務）を提供する事業者が，自らのサービスの出所を表示し，他の事業者との識別のために使用する標章のこと。サービスの出所を表示することで他の事業者との差別化が図ることができ，これがブランドロイヤルティの形成につながります。

【最低保証制度】
本部が加盟店に対して一定の総収入を保証する制度で，大手コンビニエンスストアチェーンなどで導入されています。これは，加盟店の経営およびオーナーの生活の安定を図るとともに，本部と加盟店の信頼関係を築くことを狙いとしています。大手チェーンの場合，加盟店の年間粗利益総額（粗利益のほか売上総利益などの呼称もあります）の保証額を設定して，それに満たない場合は本部が不足額を補給するようになっています。ただし，オーナーは，ここから従業員の給料などの諸経費の支払いや借入金の返済などを行うため，手元に残るのは少なくなります。

【再販売価格維持】
商品の売主たる製造者等が，買主たる小売業等に対し商品の販売価格を指示し，それを遵守させる行為をいいます。独占禁止法では原則的に禁止されていますが，フランチャイズシステムにおいては，統一的営業や消費者の選択基準の明示の観点からみて合理的理由がある場合には合法的に実施されるべきものだとの考えもあります。

【サブ・フランチャイズ】
フランチャイザー（本部）が，ほかの事業者に対して，一定の地域についてフランチャイズ契約を結ぶための交渉権利を与えること。当該事業者をサブ・フランチャイザー（サブ本部）といいます。サブ・フランチャイザーは，その見返りとして加盟金やロイヤルティを支払います。また，サブ・フランチャイザーは一定の地域における小本部的役割を果たすため，加盟店の店舗開発，教育訓練，スーパーバイジングを行います。わが国では，エリア・フランチャイズという場合もあります。

【Cタイプ】

コンビニエンスストアのフランチャイズ契約には，主に2タイプあります。自己所有されている店舗物件で開業する場合がAタイプ，本部が用意する店舗で開業する場合をCタイプと通称的に呼ばれています。Cタイプの場合，店舗改装費用が不要，物件賃料が本部負担で，初期投資はAタイプに比べ少なくて済みますが，加盟金やロイヤルティが高くなるというデメリットもあります。

【JFA】

JFAとは（一社）日本フランチャイズチェーン協会（Japan Franchise Association）の略で，フランチャイズ業界の健全な発展と育成を目的に，1972年，通産省（現・経済産業省）の許可を受けて設立された団体です。業界統計の作成，フランチャイズシステムに関する調査研究，各種セミナーの開催や相談など，その活動は多岐にわたっています。

【JFA開示自主基準】

フランチャイズ本部が加盟希望者に契約に先立って開示すべきであるとしている契約事項と基準のことで，（一社）日本フランチャイズチェーン協会が独自に決めた基準のことです。「中小小売商業振興法」が定める法定開示項目や公正取引委員会による「フランチャイズ・ガイドライン」をはじめ，それらに規定された以上の詳細な内容を定めています。

【事業説明会】

加盟店募集を目的に，自社のフランチャイズ事業を説明する説明会を指します。事業説明会では，経営トップの挨拶，理念の説明，事業概要，フランチャイズシステムの説明，事例紹介，質疑応答，個別相談などが一般的な内容です。加盟希望者1人1人に個別説明するよりも効率的に説明できる点が大きなメリットです。

【社員独立制度】

フランチャイズ本部の社員が，本部を退職して加盟者として独立することを支援する制度。社員の将来設計と，経験を積んだ加盟者の増加によるチェーン・オペレーションシステムの基盤強化に加え，将来的な独立願望を持った社員を本部社員として雇用でき，本部の人材強化も見込めます。

【ジャンプ率】

本文のサイズに対するタイトルや見出しサイズの比率のことです。本文が10ポイントで見出しが20ポイントの場合はジャンプ率が200%となります。大見出しは200〜300%，中見出しは150〜200%程度が目安の数値となります。

【熟考期間】
　フランチャイズ本部および加盟希望者の双方が，フランチャイズ契約に際し加盟条件等の説明実施後直ちに契約をして後ほどトラブルが発生することを回避するため，十分な検討を行い決断するための猶予期間のこと。(一社)日本フランチャイズチェーン協会では契約書を交付してから7日間以上の熟考期間をおくことを自主基準として定めています。

【出店余地率】
　特定の地域内においてどれくらい新規出店の余地があるかを％で表したもの。出店が進むとチェーンとしての認知度が上がり，店舗ごとの売上増が見込める一方で，しだいに出店する余地がなくなり，店舗の再配置を余儀なくされる場合があります。業種・業態によってもさまざまですが，規模の拡大を検討している場合は出店当初から将来的に店舗数を最大限大きくできる配置を行うことも必要です。

【商圏】
　ある店舗が顧客を吸引できる地理的範囲のこと。業種，業態や取扱商品によっても商圏の広さは異なります。一般に最寄り品を扱う場合の商圏は狭く，専門品を扱う場合の商圏は広くなる傾向があります。

【商圏調査】
　対象商圏内の人口，世帯数，年齢，職業，所得等や，道路の通行量や駅の乗降客数の調査を行うこと。各種調査により，商圏内のポテンシャル（潜在購買力）を把握することにつながります。

【商圏分析】
　国勢調査・商業統計・家計調査といった統計データや競合情報から，新規出店計画，既存店評価や販促計画の作成に必要な商圏評価を行うこと。現在では地理情報システム（GIS）を使用してコンピュータで行うことも多くなっています。

【商標とサービスマーク】
　文字や図形などにより識別されたマークのことで，第三者に対してその商品やサービスを証明する役割を果たします。サービスマークとは，商標の一部でサービスに関して使用する商標のことを総称して呼ばれています。

【スーパーバイザー】
　加盟店の経営指導を行う本部従業員のことです。チェーンによってはフィールドカウンセラー，ストアアドバイザーなどと呼ばれています。本部と加盟店の重要なパイプ役となります。また本部が持つ「経営理念」「ビジョン」「経営戦略」「マーケティング戦略」が加盟店に正しく理解され，店舗運営が実践されているかをチェックし，

継続的に指導・支援していく役割を担っています。

【スケルトン】

もともとは動物や人間の全体的骨格のことを指しますが，マニュアル作成においては，大項目・中項目・小項目・備考といった「章立て」に相当します。マニュアル作成におけるスケルトンづくりは，建築でたとえるなら基礎工事にあたる重要なプロセスで，マニュアル作成の肝の部分です。

【セントラル・キッチン】

複数の場所に料理を提供する必要がある場合，調理を1ヵ所で集中的に行うことで規模のメリットを発揮することができ効率が高まります。このような調理場・調理工場のことをセントラル・キッチンといいます。レストランや居酒屋のほか弁当店やコンビニ，学校や病院・介護施設などで取り入れられています。給食センター，集中調理施設といった呼び方をする場合もあります。

【セントラル・バイイング】

多店舗展開チェーンにおいて，本部が商材・食材等を一括で大量発注を行うことにより，仕入コストの低減を図ること。本部は，採算が取れる規模で独自仕様の発注ができれば，プライベートブランドの商品を開発することが可能となります。

【損益分岐点】

利益がゼロとなる売上高（操業度）のことをいいます。費用には操業度に比例して増減する変動費と操業度にかかわりなく一定額となる固定費があり，主に製造業や小売業など，変動費と固定費が区分可能な業態において用いられる分析手法です。事業や商品ごとに，固定費をまかなうために必要な売上高（操業度）を指します。

た行

【ターンキー制度】

フランチャイズ本部が店舗や設備などを一括して用意し，加盟者は「カギさえ受け取れば」開業ができるというものです。コンビニエンス業界を中心に採用されており，一般的にCタイプと呼ばれる店舗開発の方法です。この制度を利用するには年齢制限や夫婦2人での経営といった付帯条件がつくことがあるので注意が必要です。

【代理店】

メーカーなど流通チャネルのリーダーが，自社製品のシェア拡大や価格安定を目的として，自社製品の流通チャネルを1つのシステムに情築することを流通系列化といい，これに加入する販売店を代理店といいます。フランチャイジーとの相違点としては，代理店の場合はチャネルリーダーから供給してもらえるのは商品のみで，運営ノ

ウハウや継続的指導など一定の経営システムではない，ロイヤルティが発生しない，運営方法は自らの意思で決定するといった点が挙げられます。

【多頻度小口配送】

必要な商品を，必要な時に，必要な数量だけ，小売店に配送するシステムのことです。経済の成熟による消費の多様化や個性化が進んだため，それらのニーズを満たすために生まれました。

【WBS】

Work Breakdown Structureの略で，プロジェクトマネジメントにおいて計画を立てる際に用いられる手法の1つで，プロジェクト全体を細かい作業に分割・構成する手法です。マニュアル作成においても，WBSの考え方に従って全体構成を細かく分割していき，担当者を割り振り，プロジェクトマネージャーが調整を行い，完成に向けて進む，といった流れを踏んで完成させます。

【チェーンストア】

大資本を元手にブランド，経営方針，サービスの内容，外観などに統一性を持たせ，多数の店舗の運営や管理を行う経営形態のことです。その特徴は，店舗の経営が全体を通じて計画的に行われるところにあり，日本ではレギュラーチェーンということもあります。

日本チェーンストア協会の通常会員入会資格では，「チェーンストアを営む小売業法人であって，11店舗以上または年商10億円以上」と規定しています。

【中小小売商業振興法】

中小小売商業者の経営近代化と合理化を促し支援することで多様化する消費者のニーズに応えることを目的とした法律です。同法では中小小売商業活性化のために，以下の3つの種類の高度化事業の支援を挙げています。①共同でのコンピュータ利用による経営管理の合理化，②店舗のチェーン化，③店舗の建物としての集団化や商店街の整備。②の一環として，フランチャイズチェーンの本部は加盟しようとする者と契約を締結しようとするときに，法定開示書面を交付し，その記載事項について説明をしなければならないことが定められています。

【中途解約，契約違約金】

契約した相手が契約違反をした場合に，他方の当事者の意思によって契約を消滅させることを中途解約といいます。また，中途解約にかかわらず，契約を違反した場合に契約違反者が他方の当事者に支払うことを契約で約束した金銭を契約違約金といいます。

【ディスクロージャー】
　情報開示のこと。フランチャイザー（本部）がフランチャイジー（加盟店）に対するディスクロージャーに積極的であるということは，フランチャイジー（加盟店）との信頼関係を重視していることのひとつの証明となります（参照「法定開示書面」）。

【テリトリー制，テリトリー権】
　フランチャイザーがフランチャイジーに対して，その営業地域を指定する制度のことをいいます。わが国では独占禁止法の不公正な取引方法の拘束条件付一般指定第13項の該当性が問題になるので，この条項に抵触しないようにしなければなりません。しかし，宅配サービスのような場合は，お客様にとっても加盟店にとってもテリトリー制を取っていたほうが便利であるというフランチャイズビジネスもあるので，積極的に活用されています。
　フランチャイザーがテリトリー制を取っている場合に，フランチャイジーが特定のエリアに独占的に出店する権利をテリトリー権といいます。

【登録制度】
　「フランチャイザーの登録制度」は，いわばフランチャイザーの戸籍簿です。フランチャイザーが中小小売商業振興法に定められた法定開示事項を中心に，一定の事項を（一社）日本フランチャイズチェーン協会に登録し，同協会はフランチャイジー希望者にフランチャイズチェーンの選択やフランチャイズ契約を締結するかどうかの判断を下すための情報を提供するシステムです。

【独占禁止法】
　経済活動の「公正かつ自由な市場競争」の確保を目的とする法律で，「私的独占」「不当な取引制限」「不公正な取引方法」を禁止しています。公正取引委員会では，フランチャイズシステムに関する独占禁止法の考え方（フランチャイズ・ガイドライン）として，本部事業者が加盟募集の際の情報開示，およびフランチャイズ契約締結後の本部と加盟者との取引について，具体的にどのような行為が同法において問題になるかを示しています。

【特定連鎖化事業】
　「連鎖化事業・特定連鎖化事業」を参照ください。

【ドミナント戦略】
　出店を「ある一定の地域に集中」することで，その地域内において高い市場占有率を得ようとする地域戦略のことです。フランチャイズビジネスにおいては，特定の地域に出店した個々の店舗の商圏が連続して広がる範囲をいい，出店密度が高いほうが物流面や店舗オペレーションの面で戦略効果が高いと考えられています。

【トレードネーム】
　商法上の商号権に相当します。一般的概念として，自分の営業活動を確認させ，これを他人の営業活動から区別させるための名称であると理解されています。
【トレードマーク】
　商標法の商標権に相当します。一般的概念として，自分の商品・サービスを認識させ，これを他人の商品・サービスと識別させるための記号であると理解されています。

な行

【（一社）日本フランチャイズチェーン協会（JFA）】
　1972年4月に社団法人の認可を受けて発足した，わが国で唯一のフランチャイズ本部が集まった団体であり，略称としてJFAと呼びます。JFAの目的はわが国におけるフランチャイズビジネスの健全な発展を目的としています。JFAの主たる事業は，次のとおりです。
　①フランチャイズ事業のためのガイドラインづくり
　②フランチャイズに関する統計の収集・発表
　③業界のスポークスマンとして，関係省庁，およびマスコミなどとの連絡，折衝，および広報
　④フランチャイズに関する指導，教育事業（スーパーバイザー学校を開講，スーパーバイザー士の認定制度あり）
　⑤会員相互の意見や情報交換の場の提供
　⑥フランチャイザーとフランチャイジー，およびその希望者のための各種相談
【ノウハウ】
　一般的には，人の知識や経験，技術や情報などで加盟店が店舗を運営していくためのコツをいいます。いわば店舗の運営方法といった経営上の技術や技能，原料の配合規格や商品の製造方法，商品構成の作り方やその調達方法，スタッフの教育訓練の方法，情報システムのソフトウェアなどです。フランチャイザーは，開発し十分なテストで検証したノウハウを加盟店に提供します。
【暖簾（のれん）】
　のれんは物理的には店先にかけられる垂れ布のことを指します。商法では営業権を指します。機能的には，商人の持っている営業上の秘訣や，得意先，その他の営業から生ずる経済的な利益のことで，営業的な無形資産として考えられており，グッドウイルに相当します。のれんを第三者から有償で取得した場合や合併などで取得した場

合は，貸借対照表の資産の部に記載することができます。経済的な価値が認められているために，売買や譲渡担保の目的とされることがあり，のれんの侵害に対しては，場合により不法行為による損害賠償請求をすることができます。

【のれん分け】

長年勤め上げた従業員に店の屋号を使うことを許可し，報奨として独立させる制度のことをいいます。わが国独自の制度で，現在も飲食店を中心にのれん分けは利用されています。しかしながら独立開業資金の高騰や経営能力の不足，大手競合チェーン店の拡大などの理由で，伝統的のれん分けによる独立は難しい状況になってきました。代わりに，フランチャイズシステムによる社員の独立が利用されるようになってきました。形式としては一定の勤続年数，年齢制限，自己資金，能力などを満たす社員を対象にフランチャイズ契約を結んで，本部の直営店を譲渡，または運営を委託し，独立させることになります。

は行

【バイ・バック】

売主がいったん売却した物品を買い戻すこと。または売主が買い戻す権利を留保して売買契約を行うことです。本部がある一定の条件下で，フランチャイズ権をフランチャイジーから買い戻す場合にも用いる言葉です。

【廃棄ロス】

主に商品の賞味期限切れや売れ残りなどによって廃棄されることによる損失のことで，コンビニエンスストアでは，とくに弁当，惣菜の廃棄ロスの管理が経費コントロールにおいて重要となります。商品構成，棚割と密接にかかわっているもので，収益の確保と顧客満足を高めるためには，廃棄ロスの適正化が求められます。またロイヤルティの算出根拠としての廃棄ロスをめぐる訴訟も存在します。

【パッケージライセンスビジネス】

パッケージライセンスビジネスとは，店舗内外装デザインの提供，設備や什器備品の提供，メニューや調理レシピの提供などを含めた開業時だけの指導，そして一定の地域での独占権の付与などをまとめてパッケージにして一定の対価と引き換えに使用許諾（ライセンス）契約を結ぶ方式をいいます。フランチャイズと異なり，開業後ライセンシーからの継続的な指導，援助や商品食材・原料などの供給などはなく，ライセンスの売り切り商売といえます。

【パブリシティ】

企業あるいは製品の情報がテレビや雑誌などのマスメディアに取り上げられる宣伝

広告を指します。基本的には無料であり，プレスリリースや広告代理店の営業によってパブリシティにつなげます。具体例としては，新聞・雑誌における本部や商品の紹介記事や，テレビドラマで自社の商品を俳優が身につける，などがあります。

【P/A】

「パートタイマー/アルバイト」の略語。多くの場合，有期雇用契約により使用されている時間給労働者を意味します。「正社員」の対義語として用いられることもあります。フランチャイズビジネスにはこのような労働力が大きな役割を果たしている場合が多いです。

【ビジネスフォーマット型】

現在のフランチャイズビジネスの主流となっているものです。「伝統的フランチャイジング」といわれる商品供給を主体としたものではなく，店舗の運営システムなどのノウハウ全般を提供するもので，このノウハウ利用の対価としてロイヤルティを徴収するというしくみを持っています。

【ビジネスプラン】

ビジネスプランとは，計画書の1つで，企業の進むべき方向，成長の速度，到達の方法など，企業の将来について考えるプロセスを記したものです。作成されたビジネスプランは，さまざまな用途にツールとして活用できます。資金調達や事業パートナー募集の際のプレゼンテーションツールとして，社内外の関係者に理解と協力を仰ぐためのコミュニケーションツールとして，そして自分の考えを整理するツールとしても活用できます。ビジネスプランは活用する目的や環境変化などに合わせて常に改善していくことが重要です。

【フードコート】

フードコートとは，ショッピングモールやアミューズメント施設内などにある，複数の飲食店が隣接し客席が共有になっている食事スペースです。単独の路面店と比べて，集客がしやすいなどのメリットがあります。

【付合（ふごう）契約】

あらかじめ契約の内容が当事者の一方によって定められており，相手方は定められた内容に従って契約をしなければならない契約のことです。不従契約ともいいます。フランチャイズ契約はフランチャイザーが契約内容を決めた付合契約であり，加盟店は決まった契約内容に従う必要があります。そこで，加盟店を保護するために中小小売商業振興法は，本部が法定開示書面を交付し，説明することを義務づけています。

【不正競争防止法】

企業による不正競争行為を列挙するとともに，このような行為に対する差止請求お

よび損害賠償請求などの所在を定め，不正競争を防止することが，不正競争防止法の狙いです。不正競争防止法では，不正競争行為を以下の7種類に類型化して禁止しています。

①他人の商号，商標などを使用して他人の商品や営業と混同させる行為
②著名な表示を冒用した商品の売買
③商品の形態を模倣した商品の売買
④窃取，詐欺などの不正な方法による営業秘密の取得
⑤商品の原産地，品質，内容やサービスの質について誤認させるような表示をして，商品を売買したりサービスを提供したりすること
⑥虚偽の事実を告知するなどして営業上の信用を毀損すること
⑦総代理店，特約店等といった表示を，代理権や販売権が消滅した後に承諾なく継続使用して商品を販売する行為

この法律に基づき不正競争によって営業上の利益を侵害され，または侵害される恐れがある者は，その差し止めを請求することができます。故意，過失によって他人の営業上の利益を侵害した者は損害賠償義務を負い，場合によっては謝罪広告などをしなければなりません。

【物件開発】
　店舗の物件探しから交渉，契約に至るまでの一連の業務を指します。物件は，加盟者が用意する場合と本部が用意する場合があります。標準的な店舗で採算性の高い店舗を開発していくためには，本部自ら物件開発を進めることも必要になります。本部が物件を用意する場合でも，①本部が加盟者に物件紹介し，加盟者と家主が賃貸借契約を締結，②本部が家主と賃貸借契約し，本部と加盟者が使用貸借契約を締結，③本部が家主と賃貸借契約し，本部と加盟者が転貸借契約を締結，④本部が物件を購入し，本部と加盟者が賃貸借契約を締結，があります。

【フランチャイザー（本部）】
　通常，本部，本部企業，あるいはザー，ライセンサーとも呼びます。フランチャイズにおいて，自己の商標，サービスマーク，トレードネーム，その他の事業の象徴となる標識の使用をフランチャイジーに許諾する側の事業者をいいます。事業活動のうえでは，通常本部として，事業方針の計画，決定，フランチャイジーの募集と選択，店舗立地の選定，管理統制，マーチャンダイジング，フランチャイジーの指導などの機能を担当します。

【フランチャイジー（フランチャイズ店，加盟店，加盟者）】
　通常，加盟者あるいはジー，ライセンシーとも呼びます。フランチャイズにおい

て，フランチャイザーの商標，サービスマーク，トレードネーム，その他の営業の象徴となる標識の使用を許諾された事業者をいいます。事業活動のうえでは販売，サービスおよびこれに付帯する日常の業務に専念し，独立事業者として投資し，利益・損失リスクも自己責任において全うするものです。また，フランチャイジーが所有または経営する店舗を「フランチャイズ店」といいます。なお，フランチャイズ店に対し，フランチャイザーが所有または経営する店舗は，フランチャイザーの直営店または単に直営店と呼びます。

【フランチャイジング】
フランチャイズを付与することです。

【フランチャイズ・ガイドライン】
フランチャイズ契約のトラブル防止のためのガイドラインとして，公正取引委員会が発表している「フランチャイズ・システムに関する独占禁止法上の考え方」があります。この中で，どのような行為が，「欺瞞（ぎまん）的顧客誘引（本部が加盟店の募集にあたり虚偽の，もしくは誇大な開示を行うことなどにより，競争者の顧客を不当に誘引すること）」や「優越的地位の濫用（本部が加盟店に不当に不利益を与えることなど）」といった独占禁止法に定める不公正な取引方法として問題になるか，具体的に表しています。また，取引関係のほか，独占禁止法違反の未然防止の観点から，契約前に開示することが望ましい事項についても定められています。

【フランチャイズ契約】
フランチャイズシステムはフランチャイザーが開発した「成功のノウハウ」をパッケージにしてフランチャイジーに提供することですが，そのパッケージ提供方法条件について本部と加盟者が約束することがフランチャイズ契約です。提供するフランチャイズパッケージの内容を文書にした契約書を作成し，ザー（本部）とジー（加盟者）の権利と義務を明示します。契約は交渉によって内容の変更・修正などが行われて締結されるのが通常ですが，フランチャイズ契約の場合は，ほかの契約者（加盟者）との平等性を重視するため，本部が契約内容を加盟希望者に提示し加盟希望者はそれに同意する"付合契約"の形式になっています。複数の事業者が，資本などでなく契約で結びついているのがフランチャイズビジネスの特徴です。

【フランチャイズシステム】
フランチャイザー（本部）が，フランチャイジー（加盟者）と契約を結び，フランチャイジーに対して，自己の商号，サービスマーク，トレードネーム，その他の営業の象徴となる標識，および経営のノウハウを用いて，同一のイメージのもとに事業を行う権利を与えるとともに経営に関する指導を行い，その見返りとしてフランチャイ

ジーから契約金，ロイヤルティなどの一定の対価を徴するフランチャイズの関係を組織的・体系的に用いて行う事業の方法です。

【フランチャイズショー（FCショー）】

フランチャイズ本部やニュービジネス企業が一堂に会する展示会で，日本経済新聞社が主催。フードサービス・小売・サービス業のフランチャイズ本部による加盟店募集をはじめ，チェーン向け設備・サービス・商品やフランチャイズビジネス関連の情報サービス・出版・加盟相談・コンサルティングの紹介を行います。

【フランチャイズチェーン】

同じ標識を用い，同種の商品，またはサービスを販売して事業を行うフランチャイザー（本部）とすべてのフランチャイジー（加盟者）が構成する事業上の集団をいいます。本部と各加盟者は，経営の諸機能を分担し合い，助け合い，本部は分業を有機的に統合しながら一体としての事業活動を推進します。本部と各加盟者とは別資本の独立事業者であり，個々の契約の集積による事業上の集団です。また，加盟者はチェーン経営の意思決定には直接関与することはありません。

【フランチャイズパッケージ】

フランチャイズ契約によって，フランチャイザーが提供することを約束し，フランチャイジーが対価を支払って利用する一定の経営システム，ないし一連のプログラムをいいます。フランチャイズパッケージという場合は，通常次の3つの要素が組み合わさったものをいいます。①本部の商標，サービス・マークで本部の事業であることを示すマーク，②本部が開発した加盟店を運営するシステムやノウハウなどのしくみ，③フランチャイズチェーンの統一したイメージを維持するための本部の指導方法。

【フランチャイズフィー】

フランチャイジーがフランチャイザーから提供されるフランチャイズパッケージの対価としてフランチャイザーに支払わなければならない金額を表します。フランチャイズ料とも表現されます。これは，支払時点の違いで2つに大きく分けられ，1つはフランチャイズ契約締結時に支払うもの，つまり通常契約金，加盟金，加盟料と呼ばれるものです。2つめは契約期間中に継続的に支払うもの，通常はロイヤルティと呼ばれます。2つ目の継続的に支払うフィーは，一定期間の売上高や売上総利益等営業成績に一定の比率を乗じた額を徴収する場合が多くなっています。

【ブランド・エクイティ】

ブランドが持つ資産価値のことで，ブランド価値ともいいます。ブランドを単なる名前やロゴとしてではなく，ブランド名やシンボルと結びついて，製品のサービスの

価値を増減させる「資産」として評価しようという考え方です。ブランド・エクイティは、①ブランドロイヤルティ（ブランドへの忠誠心），②ブランド認知（ブランドの認知度），③知覚品質（消費者が感じるブランドの品質），④ブランド連想（ブランドのイメージ），⑤その他の知的所有権のある無形資産（特許，商標，取引関係など）から構成されています。

【PREP（プレップ）法】
結論（Point）－理由（Reason）－事例（Example）－結論（Point）の順で話や文章を構成するプレゼンテーション技法です。マニュアル作成の際に応用する場合は，PRE（結論－理由－事例）で十分です。

【プロトタイプ店】
フランチャイズシステムの模範，加盟店開発のベースになるモデル店舗のことです。チェーンの事業コンセプトに基づき決定されます。立地や商圏，店舗構成，主要設備，店舗レイアウト，各種デザインを確立し，標準となる投資金額，商品政策，サービス方法，オペレーション，売上高，客数，粗利益率，経費，利益，財務計画等を具現化できる店舗にしていくことが求められます。

【法定開示書面】
中小小売商業振興法11条，12条により定められているもので，フランチャイズ契約を締結する前に，本部が加盟希望者に対してあらかじめ渡さなければならない書類を指します。本部は「フランチャイズ契約のあらまし（概要）」といった文書を加盟希望者に手渡し，その内容について説明しなければならないと規定されています。本部事業者の事業内容，規模，財務状況など22項目の開示が義務づけられています。本部が十分な情報開示を行い，加盟希望者がこれを十分理解したうえで，円滑なフランチャイズ契約締結が取り交わされることを目的としています。中小小売商業振興法（通称：小振法）は，中小小売商業者の経営の近代化を促進するなどにより，中小小売商業の振興を図り，国民経済の健全な発展に寄与することを目的として制定されたものです。

【保証金】
商品などの仕入債務やロイヤルティの支払いなどを担保するために，加盟店が本部に預け入れる金銭のことです。加盟金と同時にフランチャイズ契約時に支払います。保証金は，フランチャイズ契約が終了した後，加盟店が本部に未払いの債務などがある場合，債務をこの保証金から差し引いた残りが返還されます。債務等がなければ全額返還されます。

【POS】

　Point of Saleの略称で，販売時点情報管理システムを意味し，物品販売の売上実績を単品単位で集計する手法です。POS導入の最大の利点は，商品名，価格，数量，日時などの販売実績情報をリアルタイムに収集するため，「いつ・どの商品が・どんな価格で・いくつ売れたか」が把握しやすく，売れ行き動向を観察できる点にあります。POSシステムは主に，スーパーマーケットやコンビニエンスストア，外食産業，ドラッグストア（薬局）等のチェーンストアなど，ほとんどのチェーンで導入されています。

【POSシステム】

　店舗における販売時点での情報（商品コード，金額，個数，販売時間，天候，顧客No，販売員No，販促情報など）をもとに，さまざまな分析をするためのシステムです。POSレジを使用して収集したデータをストアコントローラーで分析できるしくみそのものを指すこともあります。ストアコントローラーとは，POSシステムにおいて，POSレジから送付される販売履歴データを受け取り，売れ筋分析などを行う店舗サーバーのことです。

【ボランタリーチェーン】

　本来は，複数の小売商が（卸売商が参加することもあります），小売商の近代化を目的として，それぞれの独立性を尊重しながら，永続的なチェーンシステムを志向し，加盟小売店の意思決定によって運営される共同組織であり，主として共同仕入を行う組織です。現在では小売業に限らず，飲食店やサービス業でもゆるやかな連携を持つ共同組織をボランタリーチェーンと称する場合があります。加盟者が団体の規約または定款によってつくる団体ないし組織であり，共同化の意識に基づき組織形成されます。また，本部運営およびチェーン事業に関する意思決定に加盟店が参画します。

ま行

【マニュアル】

　作業手順書のことです。フランチャイザーの持つノウハウが結集されており，加盟店が示されているとおりに行動すれば，運営が行えるというものです。ロイヤルティの対価の一要素として加盟店に貸与されます。契約書ほどの効力はありませんが，マニュアルで加盟店運営が規定されています。最近では，電子化されたオンラインマニュアルも登場しています。

【マルチフランチャイジー】
　複数のフランチャイズチェーンに加盟し，多店舗で事業展開を行っているフランチャイズ加盟店をいいます。

【ミステリー・ショッパーズ】
　消費者側の視点に立ち，主に接客サービス向上のために行われるマーケティングリサーチの手法のひとつであるミステリーショッピング（日本では覆面調査とも呼ばれる）に携わる外部の調査官のことです。ビジネスやサービスについて買物客を装いながら店舗の実態を観察し，評価を行います。営業数値だけでは把握できない顧客サービスの店舗や改善のために，日常の店頭における顧客への対応状況をチェックする方法として活用されています。

【メガフランチャイジー】
　多数（通常30店舗以上）の店舗を経営しているか，または売上高20億円以上の規模のフランチャイジーをいいます。株式公開企業も出現しており，中小企業の多角化，拡大化の手段として注目されています。

【モデル収支】
　本部が加盟希望者に事業の収益性を説明する際に提示する収入と支出の標準的な例のことです。加盟を判断するための情報の1つですが，実際は個々に規模も立地も人材の質も違いますから，モデル収支どおりになることはないことを加盟希望者に理解させる必要があります。

や行

【屋号，商号】
　商店の呼び名，店名のことをいいます。屋号をつけることで，商店は顧客から信用を得て，ゆくゆくは重要な無形の財産となります。また，商人が営業上自己を表示するために用いる名称のことを商号（トレードネーム）といいます。商法上，会社は必ずその商号を定め，また株式・有限など会社の種類を明示することが要求されます。同一の商号が同一市町村内で使用できないことになっていましたが，2006年5月1日施行の新会社法でこの類似商号規制は撤廃されました。現在は，同一所在地での同一商号のみ禁止されています。また，不正競争目的の商号使用は不正競争防止法により禁止されています。

【ユニット】
　日本ではフランチャイズ加盟店を計算する単位として「店」（テン）という単位を使用しますが，アメリカでは「ユニット」という単位を使用しています。無店舗販

売，サービス業の発展によって店という単位がなじまなくなったためと思われます。

ら行

【ライセンス】

特許，ノウハウ，商標，サービスマーク等の所有者がその特許の技術，ノウハウ，商標，サービスマーク等の使用を一定期間他人に許諾することです。ライセンスを与える者（法人を含む）をライセンサー，ライセンスを受ける者をライセンシーと呼びます。単なるライセンス契約においては，ライセンサーはライセンシーの事業全体を指導，統制または管理することはありません。

【リクルーター】

フランチャイズ本部の加盟店開発，または募集担当者のこと。加盟希望者に対して，その開発からフランチャイズ契約締結までを担います。主な役割はチェーン拡大であり，加盟希望者の適性を見極め，加盟前の情報提供や契約内容の説明などを行っていきます。

【立地調査】

さまざまな業種のフランチャイズ本部ではそのフォーマットに応じた「適した立地」を想定しています。立地調査はその立地条件が，本部が想定する「適した立地」であるかどうかを判別するための調査です。調査内容は，商圏，競合，立地特性などがあり，その評価基準も本部ごとに異なります。

【レギュラーチェーン】

単一の法人格のもとで直営店を多店舗展開する組織形態のことです。通常チェーンストアといえばこれを意味します。フランチャイズチェーンやボランタリーチェーンと区別する際に使用する用語です。同一法人の会社組織であることからコーポレートチェーン（Corporate chain）ともいいます。

【連鎖化事業・特定連鎖化事業】

連鎖化事業とは，「主として中小小売商業者に対し，定型的な約款に基づき継続的に商品を販売し，かつ経営に対する指導を行う事業」であり，中小小売商業振興法第4条により規定されています。また「連鎖化事業であって，当該連鎖化事業に加盟する者に特定の商標，商号その他の表示を使用させる旨および加盟者から加盟に際し，加盟金，保証金，その他金銭を徴収する旨の定めのあるもの」は「特定連鎖化事業」（いわゆる，フランチャイズチェーン）であり，中小小売商業振興法第11条により規定されています。

【連鎖販売取引（マルチ商法）】
　商品を購入した人が，さらに商品の買い手を探し勧誘を繰り返すことで，ピラミッド的に販売組織を拡大する商法です。加入者が増えると階層が上がり，マージンが多く入るしくみで，組織拡大のためのトラブルも多いです。訪問販売法の規制があり，書面を受け取ってから20日間は，クーリングオフが可能となっています。アメリカから上陸したネットワークビジネスも友人に商品を紹介することを主眼にしていますが，マルチまがい商法ともいわれています。

【ロイヤルティ】
　フランチャイズ契約を結んだフランチャイジーが，フランチャイザーから商標使用権や継続的な経営に関する指導・援助を受けた見返りとして，一定の対価を定期的にフランチャイザーに支払うもの。あらかじめ金額が定まっている定額の場合と売上高や利益に一定率を掛ける定率の場合があります。

参考資料

第2章サンプルマニュアルの章立て：スケルトン

『第2章 マニュアル作成の実践』にて紹介した，サンプルマニュアルの章立て：スケルトンを参考資料として掲載します。

Ⅰ．基本マニュアル
1．基本理念・ビジョン
（1）ABCベーカリー社の基本理念
2．ビジョン
（1）5年後の目標
（2）展開エリア
（3）出店基準
（4）アライアンス（提携）企業
3．コンプライアンス・社会的責任
4．求める人物像
5．ビジネスモデル
6．ストアコンセプト
7．標章の管理
（1）商標の使用にあたって
（2）商標の由来
（3）正式表記
（4）ロゴマーク
（5）指定カラー
（6）使用例
8．マニュアルの管理
（1）営業秘密としてのマニュアル
（2）マニュアルの管理規定

Ⅱ．管理マニュアル
1．管理者の役割
（1）求められる管理者（店長）の姿
（2）管理者（店長）としてのリーダーシップと責任
（3）管理者（店長）のマネジメント項目の体系
2．売上・利益管理
（1）なぜ利益が必要か

（2）利益の構造
　　　（3）売上・利益管理における店長の責任範囲
　　　（4）利益を増やすには
　　3．金銭管理
　　　（1）売上金管理
　　　（2）つり銭管理
　　　（3）小口現金
　　4．労務管理
　　　（1）労務管理に関する法律
　　　（2）人件費のムダチェック
　　　（3）モデルシフト表
　　5．人事管理
　　6．衛生管理
　　　（1）食中毒予防の3原則
　　　（2）食中毒菌全般の特徴
　　7．店舗設備管理
　　　（1）店舗設備の考え方
　　　（2）メンテナンスチェックリスト
　　8．安全管理
　　9．情報システム（ネットワーク）管理
　　　（1）インターネットの交流サイト（SNS）の特徴と活用例
　　　（2）SNS利用ポリシー
　　　（3）スタッフのトラブル防止ポイント
　　10．顧客情報管理
　　　（1）販促活動への活用
　　　（2）顧客情報管理
　　11．クレーム管理
　　　（1）クレーム処理の流れ
　　　（2）クレーム FAQ
　　12．危機管理
　　　（1）台風発生時の対応フロー
　　　（2）緊急事態発生時の連絡先
　　13．本部報告（帳票類）

Ⅲ．オペレーションマニュアル
　　1．オペレーションの基本
　　　（1）当社／当チェーンのコンセプトとその要素

（2）商品（メニュー、サービス）の特徴	
２．１日の流れ	
（1）販売スタッフ	
（2）製造スタッフ	
（3）準備｜6:30～7:30	
３．製造作業～衛生管理・品質管理	
（1）手指の消毒	
（2）食中毒防止の原則	
（3）品質管理	
４．製造作業～原材料の発注・在庫管理	
（1）発注フロー	
（2）発注方法	
（3）発注時の留意点	
（4）検品作業	
（5）定位置管理	
（6）棚卸	
５．製造作業～製造レシピ・製造手順	
（1）基本の製造フロー	
（2）製造のポイント	
（3）製造レシピ	
６．製造作業～作業（マッサージ業）	
（1）ストレッチ	
７．販売接客～マーチャンダイジング・売場づくり	
（1）店舗の品揃えの基本	
（2）商品の補充について	
（3）トレーへの商品の追加の仕方	
（4）商品の前出し	
（5）お客様の動線について	
（6）ゴールデンゾーン	
（7）販促物の活用	
８．販売接客～身だしなみ	
９．販売接客～接客	
（1）接客の基本	
（2）接客販売	
１０．販売接客～レジ操作	
１１．販売接客～店舗の清掃・クレンリネス	
（1）店舗の清掃場所と頻度	

参考資料　　207

	（2）チェックリスト
	（3）便器の清掃手順

Ⅳ．マーケティングマニュアル	
１．マーケティング計画の立案と実行	
	（1）年間販促計画に基づいた販促の実施
	（2）本部と店舗の役割分担
	（3）販促施策の検証のための手法
２．エリア販促	
	（1）販促展開エリアの決定
	（2）販促エリアのウェイト付けと販促ボリュームや頻度の調整
	（3）販促手段別の特徴
３．WEB販促	
	（1）ＷＥＢ販促の構造
	（2）店舗でのＷＥＢ販促の留意点
	（3）ＷＥＢ販促のポイント
４．新規顧客獲得	
	（1）新規顧客獲得のパターン
	（2）新規顧客獲得のための具体策について
５．リピーター対策	
	（1）新規客とリピート客の獲得コスト
	（2）具体的なリピーター対策の方法
６．固定客化対策（CRM・RFM分析）	

定時報告書（日報）

定時報告書（日報）

店舗名		報告日	年　月　日（　）
報告者		天気	

	本日売上高	累計売上高	客数	累計客数	本日客単価	累計客単価
目標	円	円	人	人	円	円
実績	円	円	人	人	円	円
差異	円	円	人	人	円	円

売上報告

総売上（税込）		円
総売上（税抜き）		円
消費税		円
現金売上（税込）		円
クレジット売上（税込）		円
金券回収		枚

時間帯別売上明細

時間帯	客数	売上	客単価
10～12	人	円	円
12～14	人	円	円
14～16	人	円	円
16～18	人	円	円
18～Last	人	円	円
合計	人	円	円

分類別売上明細

分類	個数	売上高
食卓パン	個	円
調理パン	個	円
菓子パン	個	円
ドーナツ	個	円
その他	個	円
アレルギー対応品	個	円
合計	個	円

金券・サービス券回収明細

金種	客数	枚数	売上高
500金券	人	枚	円
100円券	人	枚	円
金券 計	人	枚	円
ドリンク無料	人	枚	円
ドリンク半額	人	枚	円
サービス券 計	人	枚	円

時間帯別シフト状況

時間帯	販売	製造	合計
10～12	人	人	人
12～14	人	人	人
14～16	人	人	人
16～18	人	人	人
18～Last	人	人	人
合計	人	人	人

小口支払（経費）明細

品目	金額（税込）	氏名
	円	
	円	
	円	
	円	
	円	
合計	円	

店舗運営状況

商品の陳列状況

接客状況

クレーム

その他

定時報告書（月報）

定時報告書（月報）　　　月度

店舗名			報告日	年　月　日（　）
報告者				

	当月売上高	累計売上高	客数	累計客数	本日客単価	累計客単価
目標	円	円	人	人	円	円
実績	円	円	人	人	円	円
差異	円	円	人	人	円	円

		1月	2火	3水	4木	5金	6土	7日	8月	9火	10水	11木	12金	13土	14日	15月	16火	17水	18木	19金	20土	21日	22月	23火	24水	25木	26金	27土	28日	29月	30火	31水	平均	合計
売上高(円)																																			
目標																																			
実績																																			
差異																																			
時間帯別売上明細																																			
10〜12	売上(円)																																		
	客数(人)																																		
12〜14	売上(円)																																		
	客数(人)																																		
14〜16	売上(円)																																		
	客数(人)																																		
16〜18	売上(円)																																		
	客数(人)																																		
18〜Last	売上(円)																																		
	客数(人)																																		
合計	客単価(円)																																		
分類別売上明細																																			
食卓パン	売上(円)																																		
	個数(個)																																		
調理パン	売上(円)																																		
	個数(個)																																		
菓子パン	売上(円)																																		
	個数(個)																																		
ドーナツ	売上(円)																																		
	個数(個)																																		
その他	売上(円)																																		
	個数(個)																																		
アレルギー対応品	売上(円)																																		
	個数(個)																																		
時間帯別シフト状況																																			
10〜12	販売(人)																																		
	製造(人)																																		
	合計(人)																																		
12〜14	販売(人)																																		
	製造(人)																																		
	合計(人)																																		
14〜16	販売(人)																																		
	製造(人)																																		
	合計(人)																																		
16〜18	販売(人)																																		
	製造(人)																																		
	合計(人)																																		
18〜Last	販売(人)																																		
	製造(人)																																		
	合計(人)																																		
合計	販売(人)																																		
	製造(人)																																		
	合計(人)																																		

その他報告

先月からの課題	今月の成果、要因
今月の問題点	次月以降のアクションプラン

つり銭管理表

つり銭　金種別表

　　　年　　　月　　　日（　　）

金種	枚数	金額
万	枚	円
5千	枚	円
千	枚	円
500	枚	円
100	枚	円
50	枚	円
10	枚	円
5	枚	円
1	枚	円
	合計金額	円

　　　年　　　月　　　日（　　）

金種	枚数	金額
万	枚	円
5千	枚	円
千	枚	円
500	枚	円
100	枚	円
50	枚	円
10	枚	円
5	枚	円
1	枚	円
	合計金額	円

　　　年　　　月　　　日（　　）

金種	枚数	金額
万	枚	円
5千	枚	円
千	枚	円
500	枚	円
100	枚	円
50	枚	円
10	枚	円
5	枚	円
1	枚	円
	合計金額	円

　　　年　　　月　　　日（　　）

金種	枚数	金額
万	枚	円
5千	枚	円
千	枚	円
500	枚	円
100	枚	円
50	枚	円
10	枚	円
5	枚	円
1	枚	円
	合計金額	円

＊両替が必要な場合は翌日の販売担当者に伝えましょう。連休前は要注意。
＊2千円札は間違いやすいので、翌日に繰り越さず、売上（夜間金庫のバック）にいれましょう。

参考資料

クレーム報告書

クレーム報告書

店舗名		報告日	年　月　日（　　）
対応者		報告者	
発生日時	年　月　日（　　）　午前／午後　時　分		
お客様	氏名：	連絡先：	

クレーム内容

経緯

対応内容

原因

担当SV	お客様相談室

ロス報告書

ロス報告書				
店舗名		**報告日**	年　月　日（　）	
報告者				

※期限切れが発生した場合は発見者が記入。

発生時刻	年　月　日（　）　午前／午後　時　分
発生場所	
商品名	
個数	
状況説明	

店長サイン：＿＿＿＿＿＿＿＿＿＿＿＿＿＿＿＿

参考資料　213

レシピシート（ベーカリーストア）

品名			原材料名	使用量	金額							
分類					円	＜写真＞						
使用生地名					円							
製品NO		【原材料】	原材料費		円							
生地入数	個/箱				円							
生地入数/袋	個				円							
					円							
					円	アレルギー表示	小麦	そば	卵	乳	落花生	えび	かに
			原材料費合計		円							
			参考小売価格		円	エネルギー				kcal/個			

ドーコン対応	ドーコン対応	可		ホイロ	温度	℃
	冷蔵	℃	時間		湿度	%
	昇温	℃	時間		時間	分

	内容		内容
① 解凍	＜写真＞	③ 焼成	＜写真＞
② 発酵・成形	＜写真＞	④ 仕上	＜写真＞

【製品特徴】

SV訪問日報

ＳＶ訪問日報

報告日	年　　月　　日

ＳＶ氏名	
店舗名	

訪問日時	年　　月　　日	備考	
入店時間	時　　分	同行者1	
退店時間	時　　分	同行者2	

①売上高

目標		千円
実績		千円
達成率		％

②来店客数

目標		人
実績		人
達成率		％

③人時

計画		人時／日
実績		人時／日
達成率		％
生産性		円

④店舗チェック　　　　点

所見

⑤テーマと記録

⑥改善記録

参考資料　215

パートタイム労働者就業規則の規定例

> この規定例は，通常の労働者に適用される就業規則とは別に，パートタイム労働者のみに適用される就業規則を作成（変更）する場合の参考例として紹介するものです。したがって，実際に就業規則を作成（変更）するにあたっては，これをそのまま丸写しにすることなく，事業所の実態を踏まえつつ十分な検討を加え，事業所の実態に合ったものとするようにしてください。

第1章　総則

（目的）

第1条　この規則は，○○株式会社就業規則第○○条○項に基づきパートタイム労働者の労働条件，服務規律その他の就業に関することを定めるものである。

2　この規則に定めないことについては，労働基準法その他の法令の定めるところによる。

（定義）

第2条　この規則においてパートタイム労働者とは，所定労働時間が1日○時間以内，1週○○時間以内または1カ月○○○時間以内の契約内容で採用された者をいう。

（規則の遵守）

第3条　会社及びパートタイム労働者は，この規則を守り，お互いに協力して業務の運営に当たらなければならない。

第2章　採用および労働契約

（採用）

第4条　会社は，パートタイム労働者の採用に当たっては，就職希望者のうちから選考して採用する。

（労働契約の期間）

第5条　会社は，労働契約の締結に当たって期間の定めをする場合には，1年（満60歳以上のパートタイム労働者との契約については3年）の範囲内で，契約時に本人の希望を考慮のうえ各人別に決定し，別紙の雇入通知書で示すもの

とする。ただし，必要に応じて契約を更新することができるものとする。

（労働条件の明示）

第6条　会社は，パートタイム労働者の採用に際しては，別紙の雇入通知書及びこの規則の写しを交付して採用時の労働条件を明示するものとする。

第3章　服務規律

（服務）

第7条　パートタイム労働者は，業務の正常な運営を図るため，会社の指示命令を守り，誠実に服務を遂行するとともに，次の各事項をよく守り，職場の秩序の保持に努めなければならない。

①会社の名誉または信用を傷つける行為をしないこと。
②会社，取引先等の機密を他に漏らさないこと。
③みだりに遅刻，早退，私用外出及び欠勤をしないこと。やむを得ず遅刻，早退，私用外出及び欠勤をするときは，事前に届け出ること。
④勤務時間中は，みだりに定められた場所を離れないこと。
⑤許可なく職務以外の目的で会社の施設，物品等を使用しないこと。
⑥職務を利用して自己の利益を図り，また不正な行為を行わないこと。

第4章　労働時間，休憩及び休日

（労働時間及び休憩）

第8条　労働時間は1日○時間以内とし，始業及び終業の時刻並びに休憩時間は，次のとおりとし，労働契約を結ぶときに各人別に定める。

勤務	始業時間	終業時間	休憩時間
A班	○時○分	○時○分	○時○分から○時まで
B班	○時○分	○時○分	○時○分から○時まで
C班	○時○分	○時○分	○時○分から○時まで

2　前項の規定にかかわらず，業務の都合その他やむを得ない事情により始業及び終業の時刻並びに休憩時間を繰り上げ，又は繰り下げることがある。
3　休憩時間は，自由に利用することができる。

（休日）
第9条　休日は，次のとおりとする。
①日曜日及び土曜日
②国民の祝日（振替休日を含む）及び国民の休日（5月4日）
③年末年始（12月〇〇日より，1月〇日まで）

（休日の振替）
第10条　前条の休日については，業務の都合により必要やむを得ない場合はあらかじめ他の日と振り替えることがある。ただし，休日は4週間を通じ8日を下回らないものとする。

（時間外・休日労働）
第11条　会社は，第8条第1項で定める労働時間を超えて労働させ，また第9条で定める休日に労働させないものとする。
2　前項の規定にかかわらず，業務の都合上，やむを得ない場合には，社員の所定労働時間を超えない範囲内で労働させることができる。

（出退勤手続）
第12条　パートタイム労働者は，出退勤に当たって，各自のタイムカードにより，出退勤の時刻を記録しなければならない。
2　タイムカードは自ら打刻し，他人にこれを依頼してはならない。

第5章　休暇等

（年次年始休暇）
第13条　6カ月以上継続して勤務し，会社の定める所定労働日数の8割以上を出勤したときは，次表のとおり年次有給休暇を与える。
2　年次有給休暇を取得しようとするときは，所定の用紙によりその期日を指定して事前に届け出るものとする。
3　パートタイム労働者が指定した期日に年次有給休暇を与えると事業の正常な運営に著しく支障があると認められるときは，他の日に変更することがある。
4　従業員の過半数を代表する者との協定により，前項の規定にかかわらず，あらかじめ期日を指定して計画的に年次有給休暇を与えることがある。ただ

し，各人の持つ年次有給休暇付与日数のうち5日を超える日数の範囲とする。
5　当該年度の年次有給休暇で取得しなかった残日数については，翌年度に限り繰り越すことができる。

年次有給休暇の付与日数表

短時間労働者の週所定労働時間	短時間労働者の週所定労働日数	短時間労働者の1年間の所定労働日数（週以外の期間によって労働日数が定められている場合）	雇入れの日から起算した継続勤務期間の区分に応ずる年次有給休暇の日数							
			6ヶ月	1年6ヶ月	2年6ヶ月	3年6ヶ月	4年6ヶ月	5年6ヶ月	6年6ヶ月以上
30時間以上			10日	11日	12日	14日	16日	18日	20日
30時間未満	5日以上	217日以上							
	4日	169日～216日	7日	8日	9日	10日	12日	13日	15日
	3日	121日～168日	5日	6日	6日	8日	9日	10日	11日
	2日	73日～120日	3日	4日	4日	5日	6日	6日	7日
	1日	48日～72日	1日	2日	2日	2日	3日	3日	3日

（産前産後の休業）
第14条　6週間（多胎妊娠の場合は14週間）以内に出産する予定の女性は，その請求によって休業することができる。
2　産後8週間を経過しない女性は就業させない。ただし，産後6週間を経過した女性から請求があった場合には，医師が支障ないと認めた業務に就かせることがある。
（育児時間等）
第15条　生後1年未満の生児を育てる女性から請求があったときは，休憩時間のほか1日について2回，1回について30分の育児時間を与える。
2　生理日の就業が著しく困難な女性から請求があったときは，必要な期間休暇を与える。
（妊娠中及び出産後の健康管理に関する措置）
第16条　妊娠中及び出産後1年以内の女性が母子保健法による健康診査等のために勤務時間内に通院する必要がある場合は，請求により次の時間内通院を認める。

①妊娠23週まで　　　　　　　4週間に1回
②妊娠24週から35週まで　　　2週間に1回
③妊娠36週以降　　　　　　　1週間に1回
ただし，医師等の指示がある場合は，その指示による回数を認める。
2　妊娠中の女性に対し，会社は出社，退社時各々30分の遅出，早退を認める。ただし，この遅出，早退を出社時あるいは退社時のいずれか一方にまとめ計60分として取得する場合は，あらかじめ届け出るものとする。
3　妊娠中の女性が業務を長時間継続することが身体に負担になる場合，請求により所定の休憩以外に適宜休憩をとることを認める。
4　妊娠中及び出産後1年以内の女性が，医師等から，勤務状態が健康状態に支障を及ぼすとの指導を受けた場合は，「母性健康管理導事項連絡カード」の症状等に対応する次のことを認める。
①業務負担の軽減
②負担の少ない業務への転換
③勤務時間の短縮
④休業

（育児休業及び介護休業）
第17条　1歳に満たない子を養育するために必要があるときは，別に定めるところにより，会社に申し出て育児休業をし，または育児短時間勤務制度の適用を受けることができる。
2　従業員のうち必要のある者は，別に定めるところにより，会社に申し出て介護休業をし，または介護短時間勤務制度の適用を受けることができる。

第6章　賃金

（賃金）
第18条　賃金は，次のとおりとする。
①基本給　時間給（または日給，月給）とし職務内容，技能，経験，職務遂行能力等を考慮して各人別に決定する。
②諸手当
　通勤手当　通勤実費を支給する。

自転車通勤者は月額○○円を支給する。
　精勤手当　賃金計算期間中の皆勤者には基本給の○日分，欠勤○日以内の精勤者には基本給の○日分を支給する。
　　　遅刻，早退は，○回をもって欠勤1日とする。
　所定時間外労働手当
　　　第8条第1項の所定労働時間を超えて労働させたときは，その時間について通常の賃金の○％増しの割増賃金を支給する。
　休日労働手当
　　　第9条の所定休日に労働させたときは，その時間について通常の賃金の○％増しの割増賃金を支給する。

（休暇等の賃金）
第19条　第13条第1項で定める年次有給休暇については，所定労働時間労働したときに支払われる通常の賃金を支給する。
2　第14条で定める産前産後の休業期間については，有給（無給）とする。
3　第15条第1項で定める育児時間については，有給（無給）とする。
4　第15条第2項で定める生理日の休暇については，有給（無給）とする。
5　第16条第1項で定める時間内通院の時間については，有給（無給）とする。
6　第16条第2項で定める遅出，早退により就業しない時間については，有給（無給）とする。
7　第16条第3項で定める勤務中の休憩時間については，有給（無給）とする。
8　第16条第4項で定める勤務時間の短縮により就業しない時間及び休業の期間については，有給（無給）とする。
9　第17条第1項で定める育児休業の期間については，有給（無給）とする。
10　第17条第2項で定める介護休業の期間については，有給（無給）とする。

（欠勤等の扱い）
第20条　欠勤，遅刻，早退，及び私用外出の時間については，1時間当たりの賃金額に欠勤，遅刻，早退，及び私用外出の合計時間数を乗じた額を差し引くものとする。

（賃金の支払い）
第21条　賃金は，前月○○日から当月○○日までの分について，当月○○日

（支払日が休日に当たる場合はその前日）に通貨で直接その金額を本人に支払う。

2　次に掲げるものは賃金から控除するものとする。

①源泉所得税

②住民税

③雇用保険及び社会保険の被保険者については，その保険料の被保険者の負担分

④その他従業員の過半数を代表する者との書面による協定により控除することとしたもの。

（昇給）

第22条　1年以上勤続し，成績の優秀な者は，その勤務成績，職務遂行能力等を考慮し昇給を行う。

2　昇給は，原則として年1回とし，○月に実施する。

（賞与）

第23条　毎年○月○日及び○月○日に在籍し○カ月以上勤続したパートタイム労働者に対しては，その勤務成績，職務内容及び勤務期間等を考慮し賞与を支給する。

2　賞与は，原則として年2回，○月○日及び○月○日に支給する（支払日が休日にあたる場合はその前日に支給する）。

3　支給基準等は，その期の会社の業績等によりその都度定める。

（退職金の支給）

第24条　勤続○年以上のパートタイム労働者が退職し，または解雇されたときは，退職金を支給する。ただし第38条第2項により懲戒解雇された場合は，退職金の全部または一部を支給しないことがある。

（退職金額等）

第25条　退職金は，退職または解雇時の基本給に勤続年数に応じて定めた別表（略）の支給率を乗じて計算した金額とする。

2　退職金は，支給事由の生じた日から○カ月以内に支払う。

第7章　退職及び解雇

（退職）

第26条　パートタイム労働者が次のいずれかに該当するときは，退職とする。
①労働契約に期間の定めのある場合は，その期間が満了したとき
②本人の都合により退職を申し出て会社が認めた時，または退職の申し出をしてから14日を経過したとき
③本人が死亡したとき

（解雇）

第27条　パートタイム労働者が，次のいずれかに該当するときは解雇する。この場合においては，少なくとも30日前に予告をするか，または平均賃金の30日分の予告手当を支払う。
①事業の休廃止または縮小その他事業の運営上やむを得ないとき
②本人の身体または精神に障害があり，医師の診断に基づき業務に耐えられないと認められたとき
③勤務成績が不良で就業に適しないと認められたとき
④前各号に準ずるやむを得ない事由があるとき
2　前項の予告の日数は，平均賃金を支払った日数だけ短縮する。

第8章　福利厚生等

（福利厚生）

第28条　会社は，福利厚生施設の利用及び行事への参加については，社員と同様の取り扱いをするように配慮する。

（雇用保険等）

第29条　会社は，雇用保険，健康保険及び厚生年金保険の被保険者に該当するパートタイム労働者については，必要な手続きをとる。

（教育訓練の実施）

第30条　会社は，パートタイム労働者に対して必要がある場合には，教育訓練を実施する。

第9章　安全衛生及び災害補償

（安全衛生の確保）
第31条　会社は，パートタイム労働者の作業環境の改善を図り安全衛生教育，健康診断の実施その他必要な措置を講ずる。
2　パートタイム労働者は，安全衛生に関する法令，規則並びに会社の指示を守り，会社と協力して労働災害の防止に努めなければならない。

（健康診断）
第32条　引き続き1年以上（労働安全衛生規則第13条第1項第2号に定める業務に従事する者については6カ月以上）使用され，または使用することが予定されている者に対しては，採用の際及び毎年定期に健康診断を行う。
2　有害な業務に従事する者については特殊健康診断を行う。

（安全衛生教育）
第33条　パートタイム労働者に対し，採用の際及び配置換え等により作業内容を変更した際には，必要な安全衛生教育を行う。

（災害補償）
第34条　パートタイム労働者が業務上の事由もしくは通勤により負傷し，疾病にかかり，または死亡した場合は，労働者災害補償保険法に定める保険給付を受けるものとする。
2　パートタイム労働者が業務上負傷しまたは疾病にかかり休業する場合の最初の3日間については，会社は平均賃金の60％の休業補償を行う。

第10章　表彰及び制裁

（表彰）
第35条　パートタイム労働者が次の各号のいずれかに該当するときは表彰をする。
①永年勤続し，勤務成績が優れているとき（永年勤続は○年，○年，○年，とする）
②勤務成績が優れ，業務に関連して有益な改良，改善，提案等を行い，業績の向上に貢献したとき

③重大な事故，災害を未然に防止し，または事故災害等の非常の際に適切な行動により災害の拡大を防ぐ等特別の功労があったとき
④人命救助その他社会的に功績があり，会社の名誉を高めたとき
⑤その他前各号に準ずる行為で，他の従業員の模範となり，または会社の名誉信用を高めたとき
（表彰の種類）
第36条　表彰は，表彰状を授与し，あわせて表彰の内容により賞品もしくは賞金の授与，特別昇給または特別休暇を付与する。
2　表彰は，個人またはグループを対象に，原則として会社創立記念日に行う。
（制裁の種類）
第37条　制裁は，その情状に応じ次の区分により行う。
①けん責　始末書を提出させて将来を戒める。
②減　給　始末書を提出させ減給する。
　ただし，減給は，1回の額が平均賃金の1日分の5割（2分の1）を超え，総額が一賃金支払期間における賃金の1割（10分の1）を超えることはない。
③出勤停止　始末書を提出させるほか，〇日間を限度として出勤を停止し，その間の賃金は支給しない。
④懲戒解雇　即時に解雇する。
（制裁の事由）
第38条　次のいずれかに該当するときは，けん責，減給または出勤停止とする。
①やむを得ない理由がないのに無断欠勤〇日以上におよぶとき
②しばしば欠勤，遅刻，早退をするなど勤務に熱心でないとき
③過失により会社に損害を与えたとき
④素行不良で会社内の秩序または風紀を乱したとき
⑤その他この規則に違反しまたは前各号に準ずる不都合な行為があったとき
2　次のいずれかに該当するときは，懲戒解雇とする。
①やむを得ない理由がないのに無断欠勤〇日以上におよび，出勤の督促に応じないとき
②やむを得ない理由がないのに遅刻，早退及び欠勤を繰り返し，数回にわたっ

て注意を受けても改めないとき
③会社内における窃取，横領，傷害等刑法犯に該当する行為があったとき，またはこれらの行為が会社外で行われた場合であっても，それが著しく会社の名誉もしくは信用を傷つけたとき
④故意または重大な過失により会社に損害を与えたとき
⑤素行不良で著しく会社内の秩序または風紀を乱したとき
⑥重大な経歴を詐称したとき
⑦その他前各号に準ずる重大な行為があったとき

附則

この規則は，平成〇年〇月〇日から実施する。

執筆者

統括リーダー

山岡　雄己

中小企業診断士/1965年生まれ，愛媛県出身。京都大学文学部卒。サントリー宣伝部を経て2002年独立/コンサルティング専門分野はフードビジネス・フランチャイズ。ビジネスコーチとして人材・組織開発にも携わる/法政大学経営大学院イノベーション・マネジメント研究科兼任講師。フランチャイズ研究会副会長。日本フランチャイズ研究機構（JFRI※）取締役

リーダー

西野　公晴

中小企業診断士/1960年生まれ，三重県伊勢市出身。東京学芸大学教育学部卒。インテージを経て1993年独立/フランチャイズ本部の構築をはじめ，商業施設の立地診断・出店戦略策定・事業計画の立案，経営革新・創業支援に携わる/日本フランチャイズチェーン協会SV学校講師。フランチャイズ研究会幹事。日本フランチャイズ研究機構（JFRI※）取締役

高木　仁

中小企業診断士/1975年生まれ。1998年ソフトウェア開発会社に入社。システム開発を経験後，業務/ITコンサルに従事。2012年カーネルコンサルティング事務所設立。FC本部の構築・改革，FCマニュアル作成支援などに携わる/専門分野はビジネスモデル改革/BIP（株）取締役。フランチャイズ研究会幹事。日本フランチャイズ研究機構（JFRI※）所属

執筆者

池田　安弘

中小企業診断士/1955年生まれ，広島県出身。島根大学物理学科卒業。アパレルメーカー，コンビニエンスFC本部勤務を経て1995年独立。FCコンサルタントとしてFC本部支援，FC本部の海外展開支援を行う/アドバンスコンサルティング㈱代表取締役。㈱酒類流通情報サービスセンター取締役。相模女子大学・税務大学校講師。（一社）東京都中小企業診断士協会副会長

金子　敦彦

中小企業診断士/1974年生まれ。飲食店での接客サービス，小売FCチェーンでの販売員指導及びマーチャンダイジング，通信回線の新規開拓営業等に従事後，独立/専門分野は飲食店フランチャイズをはじめとするフードビジネスコンサルティング/中小企業診断士金子敦彦事務所代表。フランチャイズ研究会会員。日本フランチャイズ研究機構（JFRI※）所属

金田　政寿

中小企業診断士/1972年生まれ。大手食品メーカーに勤務。営業，営業開発（営業支援ツール開発，育成）業務を経て，現在はマーケティング企画部門に所属/フランチャイズ研究会会員

木村　壮太郎

中小企業診断士/1980年生まれ。リース会社での中小企業法人向け営業，会計システム会社でカスタマーサポートや各種マーケティングを経験して独立/専門分野は財務改善・BSC活用で，足元の経営改善から経営戦略・マーケティング構築まで支援し，地域密着型のコンサルティングを実施/フランチャイズ研究会会員。（一社）経営戦略塾インストラクター

髙木　悠

中小企業診断士/1982年生まれ。大手外食チェーンにて，店長，スーパーバイザーとして店舗運営改善やフランチャイズ加盟店指導などの業務を担当。2014年4月に独立。独立後は，飲食店支援を中心に活動を行っている/専門分野は，飲食店舗を中心とした店舗ビジネスコンサルティング・人材育成研修/（株）OMEGA HIGH取締役

竹林　晋

中小企業診断士/1973年生まれ。食品メーカーで営業職を経験後，コンビニ経営を経て，レンタルボックスショップの経営を実践しながら創業や中小企業の経営革新を支援/専門分野はフランチャイズのほか，ソーシャルビジネスや商店街支援等/有限会社テイクスペース代表取締役。フランチャイズ研究会会員。日本フランチャイズ研究機構（JFRI※）所属

角田　博

中小企業診断士，システム監査技術者，システムアーキテクト，プロジェクトマネージャー，データベーススペシャリスト/1974年生まれ。システム開発会社に入社，後に建設機械メーカーにてシステム開発，運用に従事/専門分野はIT戦略策定，システム企画支援。製造業の生産管理システム企画や現場改善/フランチャイズ研究会会員

中村　正士

中小企業診断士/1939年生まれ，東京都出身。1959家電量販店入社。店舗，営業，FC事業に従事。1993年荏原経営教育研究所を設立して独立。/酒類業界（製造，卸，小売）の支援，フランチャイズ本部構築をはじめ，中小企業の経営革新計画実践フォローアップ，創業支援等に携わる。/（一社）中小企業診断協会相談役。日本フランチャイズ研究機構（JFRI※）監査役

三谷　誠一

中小企業診断士/1966年生まれ。千葉大学工学部工業意匠学科卒。大日本印刷，米系ゲームメーカー，ディズニー社でデザイン制作およびマーケティングに従事。独立後は経営コンサルタント兼グラフィック・デザイナーとして活動中/専門分野はマーケティング，ブランディング，デザイン/フランチャイズ研究会会員

【フランチャイズ研究会】とは

経済産業大臣登録中小企業診断士を中心に構成されるフランチャイズ研究会（FC研究会）は，フランチャイズ本部（フランチャイザー）やフランチャイズ加盟店（フランチャイジー），FC加盟希望者等を対象とした事業支援や経営指導，各種セミナーなどを通して，フランチャイズビジネスの健全な発展とノウハウ開発を目的とした（一社）東京都中小企業診断士協会認定の研究実践団体です。会員は，フランチャイズ本部開発事業支援，本部経営指導，スーパーバイザー教育，立地診断，加盟支援などの専門家であり，多くの者が第一線で活躍しています。2016年1月現在の会員数（正会員・特別会員）は43名です。

URL：https://www.fcken.com

【日本フランチャイズ研究機構（JFRI）】とは

株式会社日本フランチャイズ研究機構（JFRI）はフランチャイズコンサルティングのプロフェッショナル集団で，フランチャイズ研究会に所属する中小企業診断士20名で構成されています。コンサルティング内容は，プロトタイプの開発，フランチャイズパッケージの確立，加盟案内書・各種マニュアルの作成，法定開示書面・契約書の作成，フランチャイズ本部中期計画の策定，加盟店開発のマーケティング支援など，フランチャイズに関するソリューションをワンストップで提供します。フランチャイズ展開を検討している法人，更なる発展を目指すアーリーステージのフランチャイズ本部の方々に，懇切丁寧にコンサルティング＆アドバイスを行います。

住所：〒102-0083 東京都千代田区麹町2-10-3 エキスパートオフィス1F

Tel：03-4405-6161／Fax：03-6745-3701／URL：https://jfri.co.jp

2016年3月15日　第1刷発行
2020年9月25日　第3刷発行

フランチャイズマニュアル作成ガイド

　　　　　　　　Ⓒ 編著者　　フランチャイズ研究会

　　　　　　　　　発行者　　脇　坂　康　弘

発行所　株式会社 同友館　〒113-0033 東京都文京区本郷3-38-1
　　　　　　　　　　　　　TEL.03(3813)3966
　　　　　　　　　　　　　FAX.03(3818)2774
　　　　　　　　　　　　　https://www.doyukan.co.jp/

落丁・乱丁本はお取り替えいたします。　西崎印刷／萩原印刷／松村製本所
ISBN 978-4-496-05188-3　　　　　　　Printed in Japan

本書の内容を無断で複写・複製（コピー），引用することは，
特定の場合を除き，著作者・出版者の権利侵害となります。

関連書籍のご紹介

フランチャイズ本部構築ガイドブック

　単なるアイデアの思いつきではフランチャイズ展開をしても成功は望めません。直営店での検証が不十分なまま，フランチャイズ展開をしても結果は同様です。フランチャイズ展開を成功させるには，押さえなければなりない定石や，クリアしなければならないハードルがあります。本書は，フランチャイズ展開のための要件や手順を分かりやすくまとめたフランチャイズ展開の手引書といえるものです。フランチャイズ本部立ち上げ，フランチャイズ展開する際に必ず解決しておかなければならない課題を体系的かつわかりやすくまとめてあります。また，理解を促進するために，可能な限り図表・チャートを用い，ビジュアルな内容になっています。フランチャイズ研究会が総力を挙げて執筆した書籍です。A5サイズ全240頁。定価：本体2,600円＋税。